JN496650

세계 2위 경제대국이 된 이웃국가,
중국경제의 비하인드 스토리

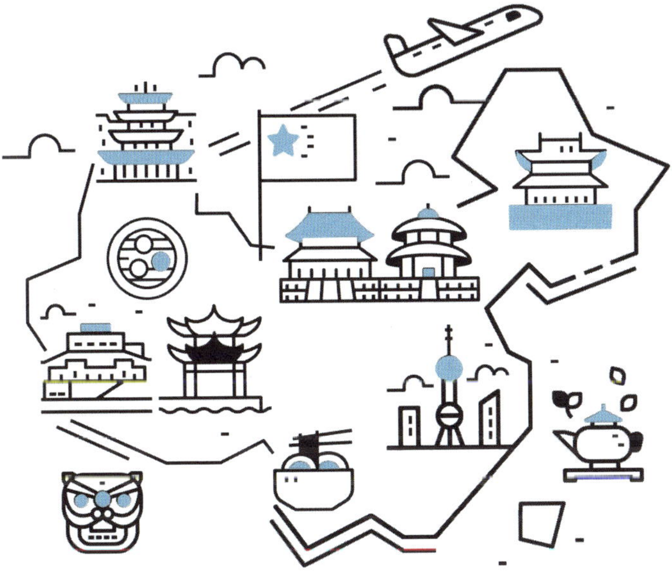

대학에서 듣는 중국경제

오지혜 지음

신아사

할마, 할빠라는 육아 인프라 덕분에,
책이 세상에 나왔습니다.
자식을 위해
노년을 희생하시는 할머니, 할아버지
그리고 나의 부모님, 감사합니다.

들어가면서

"에이~ 아직 멀었어~"

코로나로 모든 수업이 비대면 수업이었다. 그날은 집에서 온라인 수업을 하고 학교로 나서는데 아버지가 나에게 말씀하셨다. 수업하는 내내 문에 귀를 대고 들으셨던 모양이다. 중국 경제에 대한 영어강의였으니 알아들으셨을 턱이 없었다. 자식의 일에 관심이 많으신 아버지. 아무리 봐도 모자라 보이는 내 자식이 도대체 학교에서 뭘 가르치는지 정말 궁금하셨던 모양이다.

글을 쓰게 된 이유도 자식 일에 관심이 많으신 부모님 때문이다. 은퇴하시고, 손주들의 등·하원 도우미를 자처하시는 지극히 평범한 부모님은 매일 10시 다 돼서 집에 오는 딸을 위해 주무시다 말고 밥부터 챙겨주신다. 피곤해할까 봐 뭐하다 들어왔는지 물어보시지도 않으신다. 평생 자식의 미래를 위해 헌신해오셨는데 적어도 당신 자식이 밖에서 뭐 하고 다니는지는 알려드리고 싶은 마음에 시작했다.

생각만 하고 있던 찰나, 서점에서 부모님의 관점에서 책을 골라보는데 생각보다 어려웠다. 물론, 서점에는 중국 경제에 관한 책은 많았다. 어떤 책은 너무 개인적인 경험이라 중국 전반에 대해 이해하기 어려웠고, 중국 전반에 관한 내용을 담은 어떤 책은 일반인들이 이해하기엔 너무 전문적인 지식을 늘어놓았다. 중국 경제에 관한 책은 많지만, 일반 대중이 쉽게 선택할 만 책은 그다지 많지 않아 보였다.

나야 직업적인 이유로 매일 중국을 접하는 것이 당연하지만 중국을 무시하고 살아가기엔 이미 우리의 삶에 너무 많은 것들이 중국과 밀접하게 연관이 되어 있다.

몇 년 전 어린이집에서 둘째 아이의 사진을 보내왔다. 산타 옷을 입은 선생님을 보곤 자지러지게 우는 아이의 사진이었다. 아이는 괴상하게 생긴 산타할아버지를 보고 울음을 멈추지 않았다고 한다.

둘째에게 웃음이 아닌 울음을 안겼던 그 산타할아버지는 중국에서 온 가짜수염과 빨간 모자, 빨간 장갑, 빨간 옷을 입고 있었다. 선생님 얼굴

어린이집에서 산타할아버지를 보며 우는 둘째

을 가리려고 쓴 코쟁이 안경도 중국산이다. 사진에 내 아이와 선생님 말고는 온통 중국산이었다. 북유럽에서 온건지 중국에서 온건지 모를 그 산타할아버지는 내가 준비한 중국산 장난감을 아이에게 선물로 주었다.

매일 중국에서 온 뉴스를 듣는다. 하루도 중국과 관련한 뉴스를 듣지 않는 날이 드물 정도다. 하지만 한국에 엄청난 영향력을 행사하는 이웃 나라이자, 매일 중국 소식을 들음에도 불구하고 중국에 대해 아는 일반인들은 그다지 많지 않다.

요즘은 더욱이 중국에 대한 안 좋은 이미지가 넘쳐나 중국이란 단어만 나와도 회피하거나 덮어놓고 비판부터 하는 경향도 있다. 15년 전, 중국에 대한 강의는 그야말로 핫한 강의였다. 요즘은 예전만큼 인기 있는 강의는 아닌데 아무래도 적잖이 중국의 안 좋은 이미지가 한몫 하는 모양이다. 그럼에도 불구하고 우리는 살아가면서 한 번쯤은 중국에 대해 처음부터 차근차근 생각해 봐야 할 이유는 단편적이고 편파적인 소식에 휩쓸려 이웃 나라를 판단하기엔 우리에게 미치는 중국의 영향력이 너무 크기 때문이다.

2021년 현재 중국은 세계 2위의 초강대국이다. 하지만 2028년의 중국은 세계 1위 일인자가 된다고 한다.[1] 중국은 그동안 어떠한 경제발

---

1) India Today (2020). *India will overtake Japan in 2030 to be world's 3rd biggest economy* Report. News>Business. March 23.

전과정을 거쳐 세계 2위의 경제 대국이 되었을까?

중국을 좋아하거나 싫어하는 등의 개인적인 선호를 떠나 우리의 삶에 엄청난 영향을 끼쳐온 중국에 대해 왜곡하지 않고 소위 개혁개방 이후 중국 경제의 맥을 잡아보고자 한다. 과거부터 현재까지 어떻게 경제가 발전이 되어왔는지, 그리고 지금까지 쌓아온 토대를 바탕으로 앞으로 중국은 어떠한 방향으로 흘러갈지에 대하여 중국 경제의 핵심이 되어온 몇 가지 경제키워드를 따라 쉽게 풀어 소개한다.

본 책은 대학원에서 가르치는 중국 경제를 쉽게 풀어 쓴 내용이다 보니 수업에서 교재로 사용한 책의 내용과 관점에 결을 같이 한다. 배리 노턴(2018)의 『The Chinese Economy(제2판)』는 중국 경제 교과서라 할 수 있는 유명한 책이며, 아서 크뢰버(2020)의 『China's Economy(제2판)』는 중국 경제에 대한 서구 중심의 관점으로 접근하여 해석하는데 경종을 울린다. 중립적인 입장에서 중국 경제를 심도있게 분석함으로써 출간 이후 엄청난 이슈를 불러왔다. 케네스 리버살(2004년)의 『Governing China(제2판)』는 중국정치체계를 주로 설명하는 책이지만, 중국 경제에 영향을 끼친 마오쩌둥과 덩샤오핑의 사상을 체계적으로 설명하는 데 도움을 준다.

이외 다양한 중국 경제와 관련된 해외 학술지와 국내외 신문기사를 바탕으로 정확한 정보 전달에 중점을 두었다. 하지만 일반인들이 부담 없이 읽을 수 있도록 기존 경제 서적과 다르게 복잡한 그래프와 용어들을 통해 경제를 분석하기보단 전문용어, 그래프, 도표를 최대한 적게 사용하여 읽기 편하고 이해가 쉽도록 풀어 설명하는데 주안점을 두었으며, 이를 통해 한국과 비교해 중국의 상황을 상상할 수 있도록 했다.

한국인은 거리도 가깝고 문화도 상당히 비슷해 중국인을 잘 안다고 생각할 수 있다. 하지만 겉으로는 비슷해 보이지만 중국은 고대문화를 제외한 어떠한 문화적, 사회적인 요소를 공유하지 않은 별개의 국가다. 더욱이 중국 스타일 공산주의라는 정치시스템이 한국과 판이하게 다른 중국 특유의 사회·문화, 경제적 체계를 이루었기 때문에 뉴스 미디어에서 들려오는 단편적인 소식만으로는 중국에 대해 알기엔 역부족이다.

적어도 중국이 어떻게 발전해 왔는지 이 책을 통해 이해하는 시간을 가짐으로써 그동안 내가 임의로 만들어온 중국의 이미지는 과연 올바른 것인지 다시 한 번 생각해 보는 계기가 되었으면 한다.

2022년 1월

저자 오지혜

대학에서 듣는 중국경제

차례

제3강

제4강

제5강

제6강

제7강

대학에서 듣는

중국 경제

제1강

중국 개괄

제1강 중국 개괄

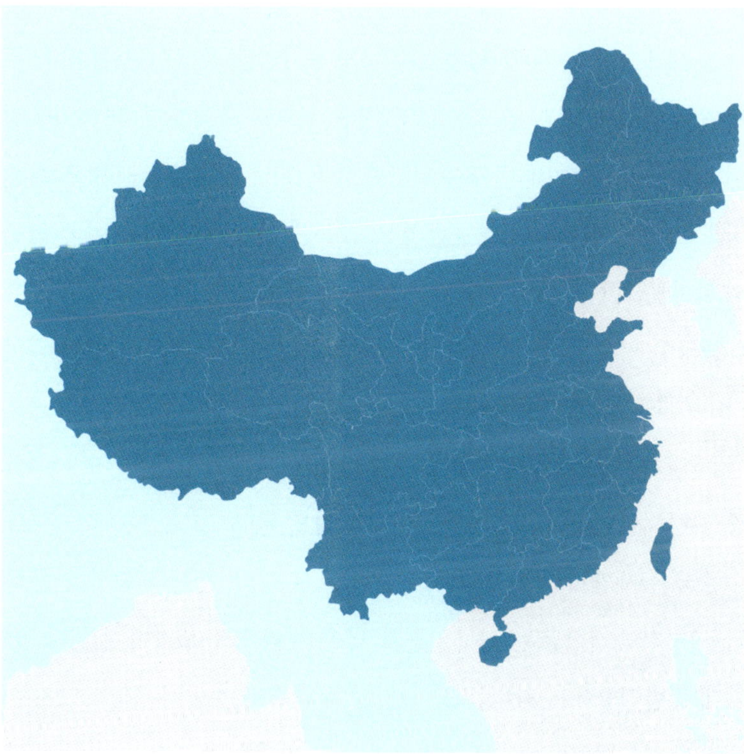

중국지도

일반적인 중국 지도엔 대만이 들어가 있다. 대만을 두고 미국과 중국에서 첨예한 대립을 하는 요즘 같으면 아주 민감한 사안이다. 대만을 같이 표기하자면, 대만이 불같이 화를 낼 것이고, 대만을 빼고 중국을 표시하자니, 중국이 불같이 화를 낼 것이다. 보는 시각에 따라 논쟁의 여지는 있지만 본 책은 중국의 대륙경제가 어떻게 발전해 왔는지 설명하는데 목적을 두고 있어 대만과의 외교적 관계에 대해서는 논의하지 않는다.

어떤 문제이든, 중국 인구만큼 곱하면 상상도 못 할 큰 문제가 되고, 중국 인구만큼 나누면 무시해도 될 만큼 사소한 문제가 된다고 한다. 중국의 인구가 많다는 의미를 설명한 말이기도 하지만, 다른 측면에서 보면 통제하고 효과적으로 관리하기 그만큼 어렵다는 뜻이기도 하다. 중국은 14억4천만 명이 사는 세계에서 가장 인구가 많은 나라이다.

전 세계 인구가 80억 명쯤 되니, 5명 중 1명은 중국인인 셈이다. 두 번째로 인구가 많은 인도는 13억9천만 명으로 중국보다 약 5천만 명이 적다. 세계에서 세 번째로 인구가 많은 미국은 3억3천만 명으로 중국과 인도와 비교하면 인구가 현저히 적은 편이다. 중국은 미국 인구의 4배에 달하며, 한국 인구와는 약 26배 차이 난다.

중국은 땅도 넓다. 전체면적이 959.7만 ㎢인 중국은 세계에서 러시아(1천713만 ㎢), 캐나다(998.5만 ㎢), 미국(983.4만 ㎢) 다음을 가장 큰 규모를 자랑하는 세계 4번째 거대한 대륙이다. 대한민국은 약 10만 ㎢로 중국은 대한민국의 95배, 미국은 98배 정도 된다.

중국은 세계 4위 규모의 거대한 땅으로 중국 면적을 중국 인구로 나누면 산술적으로는 인구밀도가 낮은 지역으로 생각하기 쉽다. 그런데 일반인들이 생각하는 중국은 넓은 대륙과는 동떨어진 이미지다. 우리가 중국을 생각해본다면, 대개 넓고 평원한 들판을 누비는 사람들을 생각하기보단, 시끌벅적한 도시, 좁은 아파트 등 인구밀도가 높은 복잡한 도시를 떠올리곤 한다. 중국의 지리적인 요인 때문에 우리가 생각하는 중국의 이미지는 적어도 중국 도시를 중심으로는 틀린 생각이 아니다.

안타깝게도 경제적 창출효과를 기대할 수 있는 쓸모있는 땅은 그다지 많지 않다. 중국 대부분이 지대가 높고 산이 많아 경제가 발전하기 어려운 지역이 태반이다. 반대로 사람이 살기에 지대가 너무 낮은 지역도 많다. 저지대는 국토의 1/4이나 차지한다. 서쪽으로는 거대한 사막이 자리 잡고 있는데 고비사막이 대표적이다. 고비사막은 몽골과 중국에 걸쳐있는 아시아에서 가장 큰 사막으로 한국 면적보다 큰 129.5만 ㎢에 달한다.

다시 정리해 보면, 전 세계 인구 18%에 해당하는 약 14.4억 명이 중국 면적 75%가 사람이 살기에 적합하지 않은 환경으로 인해 동쪽을 중심으로 약 240만 ㎢에 모여 산다는 의미가 된다. 너무 커서 잘 가늠이 안 된다면, 다시 한국과 비교해 보자. 한국의 24배 되는 크기의 땅에 25.4배 많은 인구가 산다고 계산할 수 있다. 크기야 절대적으로 차이가 나지만 비율로 보자면 대륙이 아무리 넓어도 한국과 별반 처지가 달라 보이지 않는다.

단순하게 계산했을 때 미국은 1만 ㎢에 33만 명이 사는 동안, 중국은 1만 ㎢에 150만 명이 사는 것으로 계산된다. 사람이 살기에 적합한 25%만 두고 보았을 때는 1만 ㎢당 600만 명으로 인구밀도가 그게 증가한다. 비슷한 방식으로 인구 1명당 개간을 할 수 있는 경지를 보면, 중국은 0.1ha(헥타르라고 읽으며, 1헥타르는 3,025평이다)로 인도네시아와 동일한 반면, 러시아는 0.85ha, 미국은 0.51ha로 차이가 크다.[1)]

중국 동쪽은 한국과 서해를 공유하는 해안가이다. 개혁개방 정책

이후 해안가 도시를 중심으로 발전을 거듭해온 중국 경제패턴 덕분에 현재 우리가 아는 대부분의 중국 도시는 이 동쪽 해안가에 자리 잡고 있다. 하지만 예전부터 해안가를 중심으로 발전해오진 않았다. 사실 중국의 해안가 남쪽은 바위와 언덕이 많아 항구로서 적합한 지역이 많지 않으며, 해안가 북쪽은 지대가 낮고 습지라 북쪽 또한 항구로서 제 기능을 하기 어려운 면이 있다. 중국은 1949년 중화인민공화국을 건국하기 이전까지 전통적으로 내륙 중심의 경제발전을 이루어왔던 이유도 이러한 지리적인 요인에서 비롯된다.

> 중앙정부가 엄청난 힘과 권한을 가지고 있다고 할지라도 이웃 나라 경제만큼 큰 규모의 성을 한 개도 아닌 31개나 동시에 관리한다는 것은 생각만큼 쉬운 일이 아니다.

큰 살림을 꾸리는 것이 여간 어려운 일이 아니다. 서울정도 되는 규모에 적은 인구를 가지고 있는 싱가포르와 세계 4위 거대한 대륙을 가졌으며 전 세계 인구의 1/5을 보유한 중국의 운영 방식과 체계는 크게 다를 수밖에 없다. 56개 민족과 (대만을 제외한) 33개 성·시·자치구로 구성된 중국은 한 개의 성에 사는 평균 인구가 한국 전체 인구와 거의 비슷하다. 중국의 중앙정부는 33개의 한국을 관리하고 통제해야 한다는 의미다.

생각해 보자. 중앙정부가 거대하고 엄청난 힘과 권한을 가지고 있다고 할지라도 이웃 나라 경제만큼 큰 규모의 성을 한 개도 아닌 33개나 동시에 관리한다는 것은 생각만큼 쉬운 일이 아니다. 중앙정부가 효율적으로 정책을 추진하기에 어려운 이유는 단지 관리해야 할 대상이 많아서가 아니다. 33개의 지역이 모두 다른 경제 규모와 특징,

다양한 사회적 문제를 지니고 있다는 점이다.

사람이 많은 곳엔 사건사고도 많은 법이다. 5,500만 명인 한국에도 매일 갖가지 소식으로 뉴스를 도배하는데 한국 인구의 26배에 달하고, 한국 면적의 95배에 달하는 엄청난 규모의 중국은 매일 한국과 비교하지 못할 다양한 문제에 직면할 수밖에 없다. 33개 성·시·자치구에 사는 56개 민족 중 91~2%가 한족으로 나머지 55개 민족이 나머지 8~9%를 차지한다. 그리고 중국의 돈과 권력, 명예는 거의 모두 한족 차지이다. 꽤 오래전부터 정부에서 많은 혜택을 보장하며 한족을 자치구로 이동시키는 정책을 추진해 왔던터라 요즘엔 자치구에 수천년 전부터 그 자리를 지켜왔던 소수민족보다 한족이 더 많은 경우도 있다. 따라서 자치구에서 안정적인 일자리를 구하려면 소수민족 고유언어가 아닌 중국 표준어인 보통화를 배워야만 가능한 경우도 빈번하다.

참고로 한족 외 민족을 소수민족이라 일컫지만, 그다지 소수는 아니다. 중국 전체인구에서 얼마 차지 않더라도 이들은 1억2~3천여 명이 되는 만큼 사회결속을 위해 무시할만한 수준이 아니다. 더욱이 이들은 독립을 지지하거나, 2등 혹은 3등 시민이라 하여 차별대우에 불만을 품은 이들이기 상당하기 때문에 중국 정부의 입장에서는 이들이 언제든지 사회불안을 조장할 수 있어 지속적인 관심을 가져야 하는 상황이다.

더욱이 거대한 대륙, 다양한 지리적 특징과 개혁개방 정책 이후 30년 이상 다져온 시방마다 조금씩 다른 경제정책들은 각 성의 경제적 격차를 크게 벌려놓았기 때문에 중국 정부가 고민해야 하는 문제는 우리가 생각하는 상상 그 이상이 될 수 있다.

지역간 얼마나 큰 차이가 있을지 좀 더 자세히 들여다볼 필요가 있다. 중국 남서부에 위치한 윈난성은 한국에선 보이차로도 유명하다. 이 지역은 베트남과 비슷한 경제 규모라 할 수 있다. 양쯔강 상류에 위치한 쓰촨성은 한국인들에게 사천 음식으로 더 친숙하다. 이 지역은 말레이시아와 경제 규모가 비슷하다. 윈난성이나 쓰촨성은 동남아 지역 국가와 경제 규모가 비슷하지만, 상하이는 북유럽인 핀란드와 비슷한 경제 규모를 보인다. 33개 성·시·자치구 중 어떤 지역은 동유럽의 국가와 비슷하기도 하다.

국가 규모와 비슷 성마다 다양한 지리적, 경제적 특징과 규모를 보인다. 워낙에 경제 규모가 다양하고, 그 편차가 크다 보니 일괄적인 경제정책 도입은 어려운 일이 아닐 수 없다. 극단적인 예를 들어본다. 광둥성과 티벳을 비교해 보면 지역적 격차가 얼마나 큰지 쉽게 알 수 있다. 광둥성으로 1억 명이 살지만, 티벳은 320만 명으로 인구 기준으로 약 31배 차이가 난다.

이 두 지역의 경제적 격차는 더 심하다. 2020년 기준 광둥성의 GDP는 11조 위안이었고, 티벳은 1,903억 위안에 그쳤다. 그 차이가 무려 58배에 달한다. 잘 와닿지 안된다면, 미국과 필리핀의 경제 규모 차이 정도 생각하면 된다. 2020년 기준 미국의 GDP는 20조9,366억 달러로 1위인 반면, 세계 32위인 필리핀은 3,614억 달러 정도 된다. 광둥성과 티벳의 격차가 58배로, 미국과 필리핀의 격차도 딱 58배 된다.

광둥성과 티벳이 서울과 인천이라고 해 보자. 서울과 인천의 격차가 58배라고 했을 때, 이 지역에 사는 사람들은 어떤 생각을 가지고 어떠한 사회경제 이슈로 고민을 할까? 중앙정부는 어떻게 경제정책을 설계해야 할까? 머나먼 나라가 아니라 동일한 국가에서 지역간 격차가 크다면 단순히 경제적인 이슈만 문제가 아니라 정치적, 문화적 이슈도 함께 등장하기 마련이다.

따라서 성마다 다양한 경제 규모와 문화적 특징까지 중앙정부가 골몰해야 하는 일은 산적한데 이 다양한 지역을 대상으로 효과적인 통제하에 일괄적인 정부 정책을 이끌어가야 하니 보통 어려운 것이 아닐 것이다.

참고문헌

1) Zhou Y. *Report on China's development and investment in land and water*. FAO. NationMaster.Agriculture> Arable land>Hectares per capita: Countries Compared. Available at: https://www.fao.org/3/ac623e/ac623e0d.htm

제2강

1979 개혁개방정책

제2강 1979 개혁개방정책

"개혁에 반대하는 이는
누구나 할 거 없이 다 사무실에서 나가라" [1)]

1992년 덩샤오핑이 남순강화 이후 한 유명한 말이다. '까만 고양이든 흰 고양이든 쥐만 잡으면 됐다(黑猫白猫, 捉到老鼠就是好猫)'는 뜻을 가진 '흑묘백묘' 이야기는 많이 들어봤지만, 서두의 말은 다소 생소할 듯싶다. 중국의 개혁개방이 한국인에게는 흑묘백묘로 유명하지만, 중국의 경제개혁정책에 불이 붙은 건 정작 덩샤오핑이 저 발언을 하고 난 뒤다.

우리가 아는 급속한 중국경제성장률은 대부분 1990년대 이후이며 1979년 경제개방정책을 발표하자마자 제조업 부상 및 수출증가, 외국인직접투자 급증까지는 한 10여 년의 공백이 있다. 경제개방정책을 발표한 뒤 10년간은 경제빌진이 개신되기도 했다. 하지만 단기적으로 사회경제시스템의 대전환으로 인해 발생하는 경제 혼란이 경제성과를 압도할 만큼 더 큰 문제였다. 따라서 인플레이션, 실업문제 등등 경제성장으로 인해 발생하는 다양한 경제 이슈 때문에 잠시 공격적인 경제개방정책을 완화해야 하는 것 아닌가 하는 중앙정부의 내부고민이 많던 시기이기도 했다.

이에 더해 1989년엔 톈안먼을 중심으로 민주화를 도입하자는 중국인들의 목소리가 커지자 놀란 정부는 개혁개방정책을 고수해야 하는지 깊은 고민에 빠졌다. 1989년 수천 명의 희생자가 발생한 톈안먼 사건 이후 중국은 사실상 대외적으로 고립상태였다. 더욱이 냉전 시대가 종료되는 시기와 맞물리다 보니 중국 밖에선 공산주의의 종말은 중국에서도 볼 수 있을 거라는 기대가 등장하기도 했다. 따라서 수출지향적인 경제정책을 추진하던 중국의 처지에서는 개혁개방정책을 지속해야 하는가에 대한 정치적 입지도 상당히 불안했다.

당시 덩샤오핑은 고민이 많았을 듯하다. 어떤 정책이라도 그 효과를 보기 위해서는 상당한 기간이 필요하다. 한국에서 장기적이고 안정적인 정책 추진이 어렵다는 이유로 미국과 같이 대통령 임기를 4년 중임제로 바꾸어야 한다는 주장이 잊을 만하면 들리는 것도 같은 이유다. 그런데 개혁개방을 선언한지도 10년이 지났다.

> 덩샤오핑은 위험을 무릅쓰고 달려왔지만, 내부의 불협화음은 무시할 만큼 사소한 문제가 아니었다.

내우외환. 이 시기 중국을 설명하는데 가장 적합한 표현일 듯 싶다. 덩샤오핑은 위험을 무릅쓰고 개혁노선을 위해 달려왔지만, 10년이 지나고도 모든 정치반대세력을 누를 만큼 경제적인 효과는 드라마틱하지 않았다. 내부의 불협화음은 무시할 만큼 사소한 문제가 아니었다. 국민 사이에서 터진 불만은 자칫하면 내부의 잡음과 함께 개혁노선의 방해세력으로 언제든 전면에 등장할 수도 있었다. 다시 말해, 내부 문제를 확실하게 해소하지 못한 채 개혁을 추진한다면 개인적인 정치인생도, 지금까지 추진해온 개혁도 한꺼번에 모두 날아갈 수도 있었다.

외국인들도 고민인 건 마찬가지였다. 투사를 기반으로 성장을 꾀하던 중국에게 많은 희생자를 만든 톈안먼 사건은 안정적인 경영활동을 위협하는 정치적인 위험요소가 되고도 남을만했기 때문이었다. 따라서 개혁개방 초기 외국인투자자들은 중국에 적극적으로 투자를 해야 하는지 확신이 서지 않았다.

톈안먼 사건을 기점으로 경제정책을 적극적으로 추진하기도, 그렇다고 포기하기도 어려운 사면초가에 놓인 중국 정부로선 불도저같이 몰아붙였던 개혁개방정책도 한풀 꺾이는 듯했기 때문에 1992년 덩샤오핑이 션쩐 방문이 충격적으로 다가올 수밖에 없었다. 덩샤오핑이 다시 한 번 정면돌파를 선언한 셈이다. 당시 덩샤오핑의 행보와 대중에게 전한 말은 당시 뉴스에 바로 보도를 해도 되는가 기자들이 고민할 정도였다고 한다.

어쨌든 1970년대 말 개혁개방정책 시행 이후, 다시 한 번 과감한 결단 덕분에 중국은 중도 포기 없이 혁신적인 개혁개방정책을 지금까지 이끌어 올 수 있었던 것은 확실하다. 지금부터는 개혁개방정책 이전의 중국 경제와 개혁개방정책 이후의 초기 중국 경제 변화에 대해 알아본다.

덩샤오핑의 빅픽처는 무엇이었을까? 상상하며 읽어보자.

톈안먼 사건

1989년 6월에 발생한 톈안먼 사건은 한국에선 1980년 5월 18일 광주민주화운동과 비교될만한 사건이기도 하다. 어떤 이들은 톈안먼 사건이라 하지 않고 무고한 시민을 죽였다 하여 톈안먼 대학살이라고도 한다.

당시 높은 인플레이션과 실업증가 등으로 도시 삶이 팍팍해져 감에 따라 베이징시민들의 불만이 고조되었다. 동시에 경제발전으로 자유로운 경제 분위기가 퍼지자 젊은이를 중심으로 민주화에 대한 열망도 커지고 있었다.

톈안먼 사건이 발생하기 두어 달 전 중국공산당 총서기였던 후야오방이 사망했는데 후야오방은 1986년 발생한 학생시위에 미온적으로 대처하자 학생운동 발생을 야기시켰다며 이듬해 실각당한 인물이다. 자리에서 물러난 지 2년 만에 후야오방이 갑자기 죽자, 경제 불만은 시민들의 정치적인 요구로 순식간에 변했고 이는 민중운동을 촉발하는 결정적 계기가 되었다.

후야오방의 사망 이후, 그의 명예회복과 민주화를 요구하는 민중운동이 두어 달 동안 빈번하게 일어났다. 당시 중국은 4가지 현대화를 주장하며 경제정책을 추진했는데 중국인들은 5번째 현대화는 민주화라고 주장했으며, 톈안먼 광장에는 자유의 여신상을 방불케 하는 대형 조각상이 등장하기도 했다.

시위가 촉발되고 얼마 가지 않아 학생들을 중심으로 100만 명이 넘는 대규모 시위로 커지자, 체제전복의 위협을 느낀 중국 정부는 베이징시에 계엄을 선포했고, 6월 3일 밤 군인을 동원하여 강제 해산시킨다. 강제진압을 위해 톈안먼 광장에 탱크와 총이 등장했으며, 베이징시민을 향한 무차별적인 발포로 수천 명이 죽거나 다쳤다. 참고로 홍콩은 이후 30년간 매년 6월 4일을 기점으로 톈안먼의 비극을 기억하는 집회를 해왔으나, 최근 몇년 홍콩의 민주화운동(우산 혁명)을 자극할 수 있다는 점을 우려하여 중국 정부가 강력하게 제재하고 나섰다. 지난 12월에는 톈안먼 사건을 기념하는 마지막 기념비인 '수치의 기둥(羞耻柱, Pillar of Shame)'을 중국 정부가 일방적으로 철거하면서 외신의 비판을 받기도 했다.

중국의 태도를 보면 지금까지도 톈안먼 시위에 대한 공포가 얼마나 큰지 알 수 있다. 2019년 톈안먼 시위 30주년을 맞이하여 대대적인 SNS 통제를 비롯하여 전방위적 통제 강화에 전력을 다했다. 대규모 시위불가는 물론이고, 10인 이상의 위챗(한국의 가카오톡과 비슷하다) 채팅방에서 중국공산당과 국가에 불리한 글을 올리면 중국 정부로부터 처벌을 받을 것이라는 소문이 파다하게 퍼졌다.[2)]

한국의 광주민주화운동과 중국의 톈안먼 사건을 바라보는 두 나라의 시선을 보면 한국과 중국이 가까우면서도 얼마나 먼 나라인지 다시금 생각하게 한다. 광주민주화운동으로 한국 사회는 지금까지도 떠들썩하다. 광주민주화운동에서 시민 총격을 허락한 주동자는 무고한 시민 사살로 30년이 지난 지금도 끊임없이 사회적 지탄을 받고 대통령으로서 인정을 받지 못한 채 삶을 마감해야 했다.

반면, 톈안먼 사건은 5·18과 달리 정부와 정부의 명령을 실행한 군인들의 폭력으로 엄청나게 많은 중국인이 희생되었음에도 불구하고, 언론이나 대중으로부터 철저히 외면받고 있다. 오히려 탱크와 총으로 무장한 군인이 발포하도록 허락했던 덩샤오핑은 아직까지도 중국을 이끈 영웅으로 기억되고 있다.

톈안먼 민주화운동 당시 모습 (출처: AP통신 Mikami 사진)

탱크 앞에 서 있는 시위자 (출처: AP 통신 Jeff Widener 사진)

텐안먼 강제진압으로 부상당하거나 죽은 희생자들 (출처: 1989년 6월 뉴스위크 보도 일부 발췌)

1. 마오쩌둥 시대와 중국 경제

2002년 겨울, 북경에서 마오쩌둥 기념관을 방문했을 때였다. 엄숙한 분위기에서 마오쩌둥을 보고 나와 자금성 앞에 걸려있는 마오쩌둥 초상화를 보고 있는데 옆에 선 누군가가 나에게 말했다. "마오쩌둥이 중국의 아버지임은 누구도 부정할 수 없는 사실이다. 하지만 요즘 마오쩌둥이 중국 경제에 끼친 부정적인 영향에 관한 얘기가 오가고 있고 이전만큼 마오쩌둥을 숭배하지는 않는다." 지금까지도 그가 왜 나에게 그런 얘기하는지 혹시 외국인인 걸 눈치챘는지는 알 수 없었지만, 옆에 서 있던 중국인은 남들이 들리지 않게 조용히 설명해주곤 홀연히 사라졌다.

1893년에 태어난 마오쩌둥은 1976년 죽었다. 마오쩌둥이 태어나던 시기는 한국에서 수많은 독립운동가가 태어나던 시기이기도 하다. 지금 대학생들에게는 할아버지의 아버지 세대쯤 된다. 오래전 역사 속에 나올법한 인물이지만 현재 중국에 끼치는 영향은 막대하다. 마땅한 관광상품이 없기도 했지만 2000년대 초반만 해도 중국 여행 기념품은 온통 빨간색으로 덮은 공산당 로고와 마오쩌둥 초상화와 관련된 상품들 말고는 딱히 없을 정도였다.

마오쩌둥 집권 말기에는 그다지 중국인의 삶이 녹록지 않았다. 아니, 1970년대 말 덩샤오핑의 집권과 함께 등장한 개혁개방 시대 중국은 더 잃을 것이 없었다. 수십 년간 지속된 소모적인 사상운동, 시장의 흐름과 상반된 인위적이고 정치적 이해관계에 의해 왜곡된 경세성

마오쩌둥의 책을 들고 있는 중국 군인과 홍위병

(출처: 가디언 (2016). *The Cultural Revolution: all you need to know about China's political convulsion.* 5월 11일, (재인용) Graphica Artis/Getty Images)

1966년 문화대혁명 당시 선전운동에 참여하는 사람들

(출처: 가디언(2016). *The Cultural Revolution: all you need to know about China's political convulsion.* 5월 11일, (재인용) Universal History Archive/UIG via Getty Images)

1966년 하얼빈에서 문화대혁명 당시 반동분자라 낙인찍힌 사람들
(출처: 뉴욕타임즈 (2019). *A Photographer's Quest to Reverse China's Historical Amnesia*. 1월 1일)

책은 중국인들의 삶을 피폐하게 만들었다. 마오쩌둥은 정치적 선동을 민중을 계몽하고 사회가 발전하는데 중요한 원동력이 된다고 믿었고 그의 신념대로 죽을 때까지 중국인을 이끌었다.

사실, 중국인들을 끊임없이 사상운동의 주체자로 동원하는 일은 마오쩌둥은 권력을 유지를 위한 가장 효과적인 방법이었다. 공포와 불안감을 통해 사람들을 긴장하게 만듦으로써 정책 목표를 성취하고자 했다. 방법이 좋건 나쁘건을 떠나서 문제는 당시 투쟁의 대상이 어느 날은 지주가 되었다가 어느 날은 지식인이 되었으며, 어느 날에는 마오쩌둥의 경쟁자가 되기도 했다는 점이다. 매번 투쟁해야 할 대상이 바뀌던 이유는 우파에 대한 애매모호한 개념에서 비롯된다. 중국이 정의한 투쟁해야 할 대상은 사회주의 제도, 프롤레타리아 독재, 당의 지도에 반대하는 자도 우파였고, 이러한 이들과 일정한 관계를 맺는 사람들도 우파였다. 굉장히 포괄적인 정의도 모자라 이들과 일정한 관계를 맺는 사람들이라니……. 지목하는 족족 척결의 대상이 될 수 있는 고무줄 잣대이다보니 1979년에는 우파가 아니었는데 잘못하여 우파로 간주되어 명예회복이 된자가 53만 명이나 되기도 했다.[3)]

또 다른 문제는 어디로 튈지 모르는 정치적 구호 때문에 경제도 같이 널뛰었다는 점이다. 작년엔 경제성장률이 뚜렷했지만, 올해는 경제가 급격히 후퇴하는 등 불안정한 경제에 중국인들은 당장 내년의 일을 기약할 수 없는 불안한 삶을 살아야 했다.

당시 중국인들의 삶을 상상해 보면 고달팠을 거라 짐작이 된다. 개인의 의사와 상관없이 배치된 곳에서 동일한 모습과 생활방식으로 생활해야 했으며, 개인의 기호는 무시된 채 공동의 삶을 위해 일해야 했다. 부부인데도 따로 살아야 했다. 나의 양육방식대로 자녀를 키울 수도 없었다. 개인의 인권을 중시하기보단 철저히 사회의 일원으로 하나의 유닛으로 살아야 했다. 이는 프리드리히 하이에크(Friedrich Hayek)가 그토록 무서워하던 공산주의가 불러오는 비극적인 삶과 전혀 다를 게 없었다.[4)]

힘들다고 정부의 지침에 따르지 않을 수도 없었다. 그러다 정부의 구호하에 열심히 따르지 않으면, 어느 날 자신이 반동분자로 낙인을 찍힐 수 있기 때문이다. 일단 흑색시민으로 찍히면 내 자녀 또한 손가락질의 대상이 된다. 한 번 낙인찍히면 되돌리기는 어려웠다. 아이들이 더 나은 집안과 결혼하는 건 이미 물건너 갔다. 가족들은 모두 뿔뿔이 흩어져야 하고, 나의 사랑하는 아이들은 나를 대중들 앞에서 아버지나 어머니가 아닌 중국 발전을 저해하는 인물로 비난을 해야 했다. 자의건 타의건, 손가락질받는 대상이건, 손가락질하는 주체이건, 한 번 겪고 나면 대인기피증, 외상후스트레스장애, 우울증을 겪지 않을 사람이 없을 듯하다.

어쨌든 매일 투쟁하며 하루하루를 열심히 살았음에도 불구하고 20년 전보다 더 나은 삶을 살기는커녕 더욱 궁핍해갔다. 대기근으로 수천만 명이 굶어 죽었고, 학교와 공장들은 문을 닫았다. 하지만, 더욱 가혹한 것은 2~3년에 한 번씩 대규모 캠페인, 투쟁가 운동이 일어날 때마다 내 이웃이 혹은 내 가족이 희생되었다는 점이다.

개혁개방 이전의 중국은 소위 붕괴 직전이었다. 정부 수입은 꾸준히 감소했고, 1976년 중국 정부는 100억 위안의 적자를 냈다.[5] 중국이 이렇게 황폐해지기까지 정부의 잘못된 경제정책이 한몫했다. 보통 동아시아의 전형적인 경제발전 패턴은 경공업을 육성하여 벌어들인 돈으로 중공업에 투자하며 산업의 확상과 발전을 거듭한다. 한국도 대만도 이러한 경제발전 패턴을 공통적으로 보인다.

> 개혁개방 이전의 중국은 소위 붕괴 직전이었다. 그리고 이러한 비극에 이르기까지 정부의 경제정책이 한몫했다.

하지만 외국으로부터 철저히 고립 정책을 취했던 중국은 경공업 육성보다는 처음부터 중공업의 발전에 더 힘을 기울였다. 중공업 외의 산업은 경시했으며, 경제의 중요한 축인 수요 측면도 의도적으로 무시했다. 시장의 원리를 왜곡하고 임의로 조정하는 경제정책에는 막대한 비용이 비효율적으로 투입될 수밖에 없었다.

중국은 지역별로 동일하게 인위적으로 노동을 할당한 뒤, 모든 지역에서 같은 양의 철강을 생산하도록 지시했다. 인구를 일정한 단위로 묶어 관리했는데 모두 생산을 위한 관리체계에 지나지 않았기 때문에 중국 정부가 원했던 생산목표량을 채우기엔 많은 어려움이 있었다.

관리시스템도 문제이지만 양질의 인력이 없는 것도 문제였다. 중국 건국 이래 지속되었던 러시아의 지원도 양국관계 악화로 1960년대 초 급작스레 끊기면서 러시아 기술자들은 본국으로 귀환한 상태로 고도의 기술을 가르쳐줄만한 전문가는 없었다. 게다가, 인간의 의지가 모든 것을 가능하게 할 수 있다는 믿음을 가졌던 마오쩌둥은 과학기술의 발전을 경시했기 때문에 중공업을 발전시킬 수 있는 자체적으로 충분한 기술을 보유하지 않고 있었다.[6]

1950년대 중국은 GDP의 26%를 투자에 쏟아 부었다. 보통 개도국이 평균 GDP의 20%를 투자하는 것과 비교하면 상당히 높은 비율이었다.[7] 투자에 집중하니 발전이 당연한 것이 아닌가 생각할 수 있지만, 시장 시스템을 왜곡한 일방적인 투자였기 때문에 투입대비 원하는 만큼의 산출물을 기대하기엔 어려웠다. 따라서 중국 정부의 엄청난 투자에도 불구하고 중국의 철강생산은 십수 년째 제자리걸음이었다. 1978년 전국 총 철강생산량이 3천2백만 톤이었는데 일 인당 생산량으로 계산하면 33kg밖에 되지 않았다.[8] 참고로 42년이 지난 2020년 기준 중국은 10억 톤을 생산했는데 세계 2위인 인도 생산량의 10배를 넘으며 쉽게 추월할 수 없는 부동의 1위를 지키고 있다.[9)]

지금과는 다르게 개인의 소유권을 인정하지 않는 중국에서 서비스산업, 인프라시설 등은 국가가 인정할만한 산출물이 아니었기 때문에 충분히 무시해도 될 만한 요소였다. 따라서 대부분의 투자는 모두 중공업 육성을 위해 쓰였고, 서비스산업과 인프라시설 공급 등은 열악할 수 밖에 없었다. 대표적인 예로, 당시 중국은 지금의 워라밸은 상상할 수조차 없던 시절이었다. 고된 노동 이후 동료와의 술 한 잔은 상상조차 할 수 없었다. 집 현관문을 나서면 즐비해 있는 식당도 마트도 당시엔 없었기 때문이다. 개혁개방 1년 전인 1978년, 인구 8천 명당 식당이 1개 정도 있는 수준이었다.[10)] 2~3천 세대가 되는 대단지 아파트에 식당이 하나 있는 꼴이니, 생애 한 번쯤은 가봐야 할 미슐랭 식당 정도 되는 맛집 수준이라도 해도 과언이 아니다.

잘나가는 주인공만 있으면 좋겠지만, 주인공이 빛나기 위해서는 보이지 않는 인력과 노력이 엄청나게 필요하다. 경제도 마찬가지다. 잘나가는 대기업으로 꽉찼으면 좋겠으나, 대기업이 발전하기 위해선 수많은 중소협력기업들의 노력없이는 되지 않는다. 예를 들어 한국경제를 뒷받침하는 기업들은 산업 전반을 아울러 고루 분포하고 있다. 삼성과 엘지와 같은 대기업도 있지만, 전체기업 수의 99%, 83%의 근로자, 48%의 매출을 담당해주는 건 중소기업들이다.[11)] 특정 산업만으로 한정 지어 보았을 때도 비슷한 패턴이다. 2019년 기준 46조 원 규모인 한국 물산업의 경우, 10인 이하의 마이크로기업이 87%를 차지한다.[12)]

건설업과 제조업이 대부분이지만 운영설비 외 다양한 분야에도 기업들이 분포하고 있다.

한국은 중공업의 발전으로 지금의 경제발전을 이룩할 수 있었다. 그런데 시작은 중공업이 아니었다. 신발, 가발 등 경공업 수출을 통해 벌어들인 돈으로 중공업에 투자를 했다. V자 형태로 새들이 날아다니는 모습을 본떠 지은 안행형모델(Flying Geeges Model)은 동아시아의 경제발전패턴을 잘 설명한다. 일본에서 발전한 산업발전과정이 이후 새가 V자 형태로 날아가는 것처럼 한국으로, 대만으로, 중국으로, 동남아로 이동한다고 설명하는데, 일본에서 시작한 경공업을 한국에서 받아들여 경공업을 발전시키고 이후 중국으로, 동남아에서 경공업을 발전시켰다는 내용이다.

한국이 경공업을 발전시키는 동안 일본은 중공업을 발전시켰고, 일본의 발전패턴처럼 한국이 경공업 이후 중공업으로의 전환을 꾀했다. 중국도, 동남아도 비슷한 발전 패턴을 보인다고 설명한다. 동아시아의 경제 성장특징을 잘 설명해주는 이 모델의 시작 역시 경공업이다.

사실 중공업의 발전이 그럴듯해 보이기는 하지만 모든 국가에 적용이 되는 산업은 아니다. 생태계에도 가치사슬이 있듯이 산업에도 엄연히 가치사슬이란 것이 존재한다. 각자의 역할이 다르며 서로와 공생관계 때로는 경쟁 관계를 통해 상호작용을 하며 경제를 발전시킨다. 하지만 다른 산업은 무시한 채 가치사슬에서 중간단계쯤 되는 중공업만 육성할 경우 그 경제적 파급효과는 투입한 노력에 비해 크지 않을 수 있다.

1950년대 일본을 시작으로 시작된 지난 60년간 아시아 지역의 산업화 순서 (안행형 모델)
(출처: Econofix (2017). *China's investment in Africa and the Flying Geese Paradigm*. 7월 28일)

저개발국가일수록 값싼 노동력이 풍부하기 때문에 노동력을 자산으로 산업발전전략을 꾀하는 것이 무엇보다도 효과적이다. 특히 엄청난 노동력을 보유하고 있는 중국은 더더욱 필수적이다. 하지만 이와 반대로 마오쩌둥 시대 중국이 사생결단의 각오로 주력했던 중공업은 자본 집약적인 산업이다. 경공업만큼 많은 노동력이 필요하지 않으며, 효과적으로 양질의 제품을 생산하기 위해서는 기술력과 자본력이 뒷받침되어야 한다. 즉, 중공업에서 노동력은 그다지 중요한 요소가 아니다. 다시 말해 많은 수가 실업에 노출되어 있다는 의미이기도 하다.

더욱이 중공업 육성을 위한 설비들은 대개 대규모로 건설하기 때문에 많은 시간과 비용이 필요하다. 몇 년 혹은 몇 십 년에 걸쳐 건설하는 경우가 태반이다. 실제 중국 전역에서 개혁개방 직전까지 공상의 상당수가 미완성이었다. 설령 건설을 성공적으로 마무리하더라도 운영을 하며 수입을 창출하기까지 또 오랜 시간 기다려야 한다. 노동력에만 의존한 탓에 양질의 제품을 생산하기에는 역부족이었고, 목표량을 설정하여 생산에 주력했지만 쓸 만한 제품이 아니었기 때문에 창고에 재고는 쌓여만 갔다. 이외에도 마오쩌둥의 일관성을 잃은 경제정책과 시장 논리에 반하는 왜곡된 경제정책은 중국 경제를 피폐하게 만들었다.

> 수많은 실패에도 불구하고 마오쩌둥은 어떻게 견고한 권력을 유지할 수 있었을까?

수많은 실패에도 불구하고 마오쩌둥은 어떻게 견고한 권력을 유지할 수 있었을까?

당시의 중국 사회와 중국인들의 생각을 들여다보면 이해가 갈 만도 하다. 건국 이전 중국은 수많은 적과 싸워 새로운 중국을 만들어야 했다. 외부에서는 서구와 일본의 침략에서도 독립해야 했지만, 내부에서는 민주주의라는 정치진영에서도 싸워야 했다. 그리고 러시아를 견줄만한 중국만의 공산주의, 확실한 아이덴티티를 만들어야 했다.

하지만 건국 직후 인구는 너무 많고 오랜 투쟁으로 모두가 지쳐있었다. 당시 중국은, 그리고 중국을 이끌어가야 하는 마오쩌둥에게는 성공적인 경제정책도 중요하지만, 중국인을 하나로 규합하여 중국이라는 국가의 결속력을 다지는 것이 어쩌면 경제적 부흥보다도 더 중요한 일이었을지도 모른다. 그럼에도 불구하고 너무 많은 이들이 희생되었고 삶은 고단했다는 점은 피할 수 없다.

공산당 창당 100주년인 2021년, 시간이 흘렀으나 마오쩌둥의 사상이 되살아난 느낌마저 들 때가 있다. 수많은 과오에도 불구하고 중국의 아버지로서 굳건한 상징이 되어온 마오쩌둥은 비록 죽었으나 아직 살아있는 인물이다. 혼란스러운 건국 시기, 국민대규합을 위해 자극적인 정치적 프로파간다로 중국인들을 자극하고 동화시켰다.

중국 정부는 국가 이미지 쇄신을 위해 연 10조 원에 달하는 예산을 소비한다. 최근 들어 다소 세련된 방식으로 중국 이미지 쇄신을 위해 노력하고 있으나, 당의 철저한 사상통제, 중화민국의 애국심 고취, 중화사상 강조하는 최근의 정책이나, "제2의 홍위병"으로 불리는 젊은 사이버 국수주의자들을 보면 포장지와 포장방식이 조금 세련되고 복잡해졌을 뿐 마오쩌둥 건국 당시로 회귀한다는 생각을 지울 수 없다.

대약진운동과 대기근

1958년부터 4년간 지속된 대기근으로 인해 약 4천만 명이 아사한 사건이다. 어떤 이들은 마오쩌둥이 지시한 참새소탕작전으로 대기근이 발생했다고 단순화하기도 한다. 하지만 참새 하나만으로는 설명하기는 다소 복잡한 사회상이 대기근의 원인이었다.

당시 중국에서는 1958년부터 대약진운동이 한창이었다. 소위 뒤뜰(backyard) 용광로라고 해서 집집마다 뒤뜰에 넣고도 남을만한 작은 철강제조시설을 갖춰놓고 생산량을 할당해 철강을 자체 생산하도록 독려했다. 선진기술 도입으로 철강생산과 품질을 향상시키기보단 풍부한 인간의 의지로 모든 것을 극복할 수 있는 마오쩌둥의 초자연적인 의지주의와 인력 동원을 더 중요시했기 때문에 품질은 두말할 나위 없이 형편없었다.

정부가 온통 철강생산에만 주력했기 때문에 노동력 대부분은 철강생산에 강제 투입되었고, 농업에는 일손이 부족해 생산량이 점차 줄어들기 시작했다. 하지만 하급관료들은 줄어든 생산량을 그대로 보고하면 질책 혹은 경질될까 우려하여 농작물 생산이 증가했다고 거짓으로 보고한다. 정부는 이를 그대로 믿고 할당량을 더 많이 요구했다.

수확량이 감소하던 초기에는 중앙정부에서도 거짓 보고를 믿을 수밖에 없었지만 몇 년 지속이 되면서 악화된 상황을 충분히 인식했을 법도 하다. 하지만 줄어드는 수확량을 정확히 파악하고 그에 맞추어 할당량을 수정하지 않았다. 오히려 경쟁적으로 정해진 목표를 채우도록 관료들의 경쟁심에 불을 지폈다. 중앙정부에서 결정한 농작물 할당량을 경쟁적으로 맞추기 위해 농민은 수탈당하는 것을 지켜볼 수밖에 없었다.

1960년 이후 상황은 급격히 악화된다. 산업 구조적인 이유로 생산량이 급감함과 동시에 잇따른 자연재해로 수확량은 그야말로 폭락수준이었다. 농민들은 앞으로 먹을 식자재는 물론이고 식량 종자까지 모두 빼앗겨야 했다. 곡물생산은 1058년 2억 톤에서 1961년 1억4,750만 톤으로 25%넘게 감소한 반면, 공업생산지수(1952년 생산량을 100이라 했을 때)는 1958년 353.8에서 1960년 535.7까지 증가했다.[13)]

그런데 줄어든 곡물생산에 반해 중앙정부가 수확량의 1/3을 사들였다. 동시에 지방정부 관료들은 자신들에게 할당된 목표는 모두 채우는 데 여념이 없었다. 식량이 부족한 와중에도 1960년에는 우방국들에게 식량 무상원조를 추진하기도 했다.

1958년부터 시작된 4년간의 역사는 처참했다. 제2차 세계대전으로 사망한 군인과 민간인이 약 4천만 명으로 추정되는데 세계대전 희생자와 맞먹고도 남을만한 중국인들이 굶어 죽었다.

2. 덩샤오핑 시대와 중국 경제

개혁개방정책은 중국에서는 혁신의 혁신이 될 만한 키워드였다. 자칫 잘못하다간 마오쩌둥을 부정하는 정책으로 인식될 수 있는 아주 민감한 사안이기도 했다.

덩샤오핑은 개인의 소유권을 인정하고, 외국과의 교류를 통한 수출을 조장했으며, 중공업에서 경공업으로의 전환을 꾀했다. 외국과의 교류를 단절하고, 수출을 금지하고, 공급 위주의 중공업만 육성하는 마오쩌둥의 경제정책에 모두 반하는 경제정책을 시행하면서도 덩샤오핑의 경제정책의 핵심은 마오쩌둥의 사상에서 비롯되었다고 마오쩌둥을 인정하고 그의 사상을 계승한 실용적으로 업그레이드된 정책임을 홍보했다.

또한, 민주주의 사회만이 경제발전을 이룩하는 것이 아니고, 경제발전은 공산당의 핵심이며, 공산당은 경제발전을 위해 존재한다는 점을 명확히 함으로써 덩샤오핑의 경제정책이 앞으로 중국을 이끌어갈 핵심 정책임을 확고히 했다. 이후 중국경제정책은 중국공산당의 주도로 결정되었다.

재미있게도 지금의 중국을 일군 덩샤오핑이 중국을 개방할 당시, 덩샤오핑이 구체적이고 상세한 경제정책을 고안했다고 믿는 사람은 없다. 덩샤오핑이 시작했지만, 지금의 중국을 만든 것은 중국공산당이며, 중국공산당이 시행착오를 겪으며 조직적으로 설계한 산물의 결과이다. 하지만 덩샤오핑이 몇 개의 도시를 외국인들이 자유롭게 투자하여 경제활동을 할 수 있도록 지리적으로 개방한 것만으로도 중국 대내외적으로 보내는 상징적 메세지는 충분히 컸다.

중국의 개혁개방정책은 일생일대 가장 획기적인 사건이었다. 하지만 중국의 시장개방은 한국인이 흔히 생각하는 국가의 개입을 최소화한 시장경제와는 거리가 멀다. 중국은 중국이 통제할 수 있는 범위 내에 자유로운 시장경제를 보장한다는 전제가 기저에 깔려있다. 마오쩌둥 시대부터 거대한 대륙과 엄청난 인구를 통제하는 노하우를 다져온 중국 정부는 개혁개방을 통해 왜곡된 시장운영방식을 포기했지만, 그렇다고 정부주도 경제발전을 포기하진 않았다.

> 중국의 개혁개방정책은 일생일대 가장 획기적인 사건이었다. 하지만 흔히 생각하는 국가의 개입을 최소화한 자유경제와는 거리가 멀다.

다시 말해, 시장 논리를 적극적으로 활용한 정부 통제방식을 고수해 왔다. 이후 지방정부의 경제발전 방식을 보면, 정부가 시장경제의 중요한 플레이어이자 일원으로서 시장경제의 흐름을 주도하는 것을 발견할 수 있다.

생각해 보면 덩샤오핑이 개혁개방정책을 시행할 당시, 중국은 지리적으로도 시기적으로도 억수로 운이 좋았다. 인근 국가들이 급속한 경제성장으로 쉽게 성공한 케이스를 찾을 수 있었고, 중국이 경제성장을 위해 적절한 개혁개방을 추진하던 시기는 마침 기술의 발전으로 세계화가 진전되고 있었기 때문이다.

우선 중국은 배울만한 선례가 주변에 많았다. 비슷한 문화와 여건을 가진 이웃 국가들의 발전사례는 대부분 성공적이었기 때문에 중국에 비슷하게 접목을 시킨다면 중국도 얼마든지 성공할 수 있다는 자신감을 가질 수 있었다.

이 지리적 여건은 경제개발 정책 수립뿐만 아니라 더 많은 시너지 효과를 중국에 가져준다. 한국과 대만, 홍콩 등과 같은 지역에서는 활발히 경제가 발전하면서 동시에 인건비는 상승하는 반면, 중국은 빠른 습득력을 가진 값싼 노동력이 주변에 가득했다. 마땅히 일거리를 찾지 못한 수억 명이 농촌 젊은이들이 언제든 도시로 올 준비가 되어 있었다. 이후에 자세히 얘기하겠지만 급속한 도시화를 겪는 동안 엄청난 농촌인구가 도시로 물밀 듯 유입이 되었는데 1990년 초반엔 매년 2백만 명이, 2000년대 초반엔 매년 7백만 명이 중국 도시 전역으로 흘러 들어갔다.[14] 값싼 임금이지만 농촌에서 버는 수입보다 훨씬 많았기 때문에 아쉬운 쪽은 외국기업이 아니라 중국인 노동자들이었다.

게다가 중국의 노동력은 값쌀 뿐만 아니라 하나같이 습득능력도 빨랐다. 세계인간개발지수(Human Development Index)를 보면, 1980년대 중국은 0.42에 불과했지만 1990년에 0.50을 넘으며 중위권으로 진입한다(수치는 1.00이 가장 높다). 이후 2010년에는 0.70으로 인도네시아(0.69)보다 높아졌고, 2014년에는 0.73으로 태국과 콜롬비아와 비슷한 수준이 되었다. 베이징과 상하이, 톈진과 같은 일부 대도시는 2014년 이미 0.84를 상회하며, 가장 높은 수준의 인간개발지수를 기록했다. 참고로 2014년 한국의 인간개발지수는 0.90, 홍콩은 0.91, 미국은 0.92 이다.[15]

중국은 엄청나게 많고 값싼 노동력과 함께 근접한 지리적 요인은 이웃 국가의 공장으로서 공급체인 중 생산라인을 담당하기에 충분한 여건이었다. 개혁 초중반 중국에 투자한 외국기업의 주된 비즈니스 목적은 단기적으론 중국 현지 시장을 공략하는 것이 아니었다. 따라서 복잡하고 어려운 현지화 과정은 생략하고 투자자의 초기기획 의도대로 중국에서 생산해 수출하기만 하면 됐다. 이렇게 대만과 한국은 제품 기획을, 중국은 생산을 담당했다.[16)]

무엇보다도 중국 시장이란 그 자체만으로도 기업인들에게 매력이 넘쳤다. 장기적으로 보았을 때 작은 시장에서 치열하게 경쟁하는 한국과 대만의 기업들은 10억 명이 넘는 중국 시장은 꼭 진입하고 싶은 거대한 기회라 인식했다. 따라서 중국에서의 성공적인 정착은 장기적인 목표를 위해서라도 필요했다.

중국이 얼마나 매력적인 시장인지 한국인들의 인식을 보면 쉽게 이해가 갈만하다. 한국은 중국과 수교 이후 2000년대부터 본격적으로 중국러시가 시작되었다. 한국 사업가들 사이에서 한창 유행하던 말이 있다. "중국 인구가 10억 명이 넘는데 10억 명한테 하나만 팔아도 10억 개다." 요즘 신조어로 표현하면, 이른바 "10억 피셜"('피셜'은 자기의 의견을 자기가 생각한 대로만 이야기한다는 의미로 '뇌'와 '오피셜'의 합성어이지만, 줄여서 '피셜'이라고 주로 불린다)이다. 중국에 관심이 없더라도 한국인들이라면 생애 한 번씀 들어봤을 만한 이 말은, 중국에 막 투자하기 시작한 사업가들이 왜 중국 시장을 공략해야 하는지 설명할 때 가장 먼저 나오는 말이기도 하다.

한 번 더 생각해 보면 허술하기 짝이 없다. 성경책도 아니고 1인당 1

개씩 살 리 만무하다. 한국 사람들에 팔기도 쉽지 않은데 외국인한테 파는 건 더욱 어려운 건 당연하다. 이렇게 단순한 말에 현혹될까 싶지만, 중국에서 뿜어져 나오는 돈 냄새 때문에 이 허술한 말에도 한국 사업가들이 혹하고도 남았다. 비록 어려울지언정, 사업가들 사이에서 중국 시장은 그 어려움을 능가하고도 남을 만큼 충분히 공략하고 싶은 매력적인 시장이었다.

그뿐만이 아니었다. 중국은 소위 1+1이 있었다. 중국에 진출하고자 하는 기업에게는 본품보다 증정품이 더 탐날만했다. 중국대륙을 접근함과 동시에 홍콩을 이용할 수 있었기 때문이다. 이웃 국가에서 투자하여 생산한 제품들을 홍콩을 통해 전 세계로 퍼져나갔다. 중국이 생산과 운송을 모두 담당하게 된 것이다. 게다가 때마침 기술발전으로 선박비용이 급격하게 감소하면서, 중국제품의 가격은 세계 어느 시장에서도 값싼 제품으로 자리매김할 수 있었다.

본 장에서는 덩샤오핑이 이끌었던 경제정책이 무엇인지, 특징은 무엇인지 이해하고자 지금의 중국을 이루어낸 일등공신인 경제특구와 외국인직접투자, 중국 산업 전략을 이해할 수 있는 동아시아발전모델, 중국 경제에서만 찾을 수 있는 농업개혁과 향진기업으로 나누어 설명하기로 한다.

덩샤오핑과 경제특구

중국의 경제개방정책이라 하면 모두 덩샤오핑부터 떠올린다. 틀린 것은 아니다. 하지만 덩샤오핑의 주도하에 시행된 경제정책은 개혁개방 초기의 경제 모습을 설명하는 데 그친다. 덩샤오핑의 오픈도어(Open-door) 정책은 정말 말 그대로 외국 투자자에게 몇 개의 도시의 문을 활짝 열어준 정책이었다.

선쩐은 광둥성에 위치한 신흥 산업도시로 경제특별구역(경제특구, Special Economic Zone, SEZ)라는 이름으로 개방한 첫 번째 지역이다. 홍콩과 인접해 있고, 표준어인 보통화를 쓰지 않고 홍콩과 같은 광둥어를 쓴다. 덩샤오핑이 개방정책을 발표한 이후 경제정책이 힘을 잃어갈 때쯤 남순강화를 통해 경제개혁에 다시 불을 지피기 위해 이 선쩐을 방문하기도 했다. 이후 선쩐은 덩샤오핑 경제정책의 상징이 되어 경제개방 다큐멘터리에는 어김없이 선쩐부터 등장하곤 한다. 2020년 기준 선쩐시의 GDP는 3,930달러로 홍콩과 싱가포르를 뛰어넘었다.[17]

중국은 1980년 선쩐을 비롯해 주하이, 샨토우, 시아먼을 경제특구라는 이름으로 문을 열었다. 2년 뒤, 정부는 두 개의 강 유역과 푸지엔, 랴오닝, 샨동성 등 3개 지역을 외국인 투자자에서 개방했으며, 1990년 상하이의 푸동과 함께 15개 도시에 외국인 투자자가 자유롭게 경제활동을 할 수 있도록 했다. 모두 해안가를 중심으로 한 지역들이다. 지금의 중국경제지도를 이 당시에 그린 셈이다.

> 정치적인 프로파간다는 항상 심각하고 쇼킹했다. 하지만 이번엔 그야말로 저세상 레벨이다.

1979년까지 중국인들은 마오쩌둥이 만들어낸 일종의 충격요법으로 정부 정책에 동원되어왔다. 정치적인 프로파간다는 항상 심각하고 쇼킹했다. 하지만 이번엔 요즘 유행하는 말로 저세상 레벨이다. 수입은커녕 개인의 소유권을 인정하지 않던 국가에서 외국인에게 땅을 싼값에 빌려주고 적극적인 경제활동을 독려하다니……. 덩샤오핑의 경제정책은 수십 년간 충격요법에 적응이 된 중국인들에게 충격적으로 다가왔을 법한 경제정책이다.

경제특구에 투자하는 기업들은 엄청난 세재 혜택을 받았고 지금까지도 중국 정부가 보장하고 있다. 지방정부의 입장에서도 경제특구는 여러모로 아주 매력적인 정책이었다. 각종 인프라도 외국인 투자자의 자금으로 어느 정도 해결할 수 있었다.

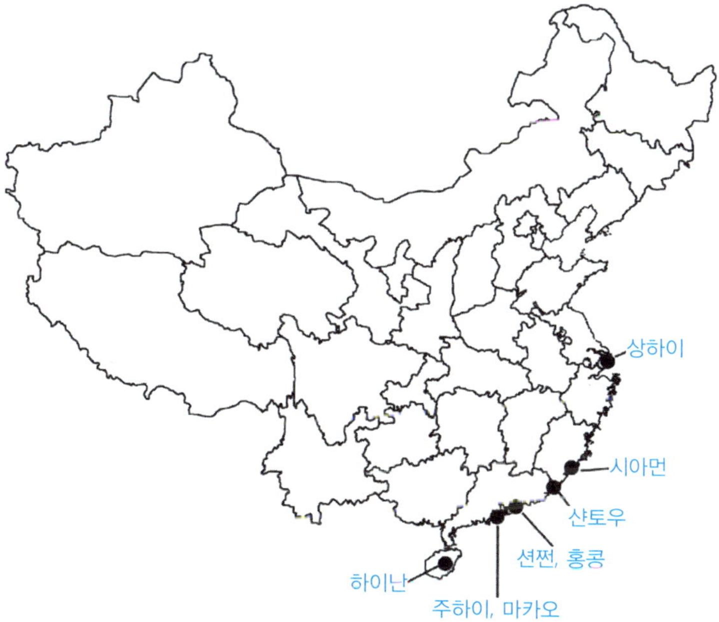

중국지도와 경제특구, 경제특구는 모두 해안가에 자리 잡고 있다.
(출처: Roos, J., Sasatani, C., Brackley, A., Barber, V (2010). *Recent Trents in the Asian Forest Products Trade abd Their Impact on Alaska.* Research Note. United State Department of Agriculture.)

2015년까지만 해도 지방정부는 은행으로부터의 대출, 채권발행이 엄격히 금지되었다. 충분한 자금 동원 여력이 없던 지방정부에겐 외국인 투자가 간지러운 곳을 긁어주는 격이었다. 단, 외국기업들은 중국에서 사업을 하기 위해선 중국기업과 합작회사(Joint Venture, JV)를 설립해 운영해야 했는데 이러한 시스템은 지방정부가 외국인 투자자에게도 중국기업 사이 커넥션을 만들기에도 아주 적절했다.

수출로 인한 외화벌이, 인프라 건설, 엄청난 고용 창출, 이로 인한 도시 부흥 …. 모든 것이 지방정부 관료들에게는 단기간 경제발전을 일궈냈다고 중앙정부에 효과적으로 증명할 수 있는 수단이 되었다. 즉, 중앙에서 큰 틀의 경제정책을 통제하는 것은 맞지만 지방정부의 자율성을 최대한 보장함으로써 중앙집권과 지방분권의 장점을 모두 시기적절하게 활용해 경제발전을 이끌었다.

사실, 수십 년간 고수한 경제정책을 뒤집어엎는 혁신적인 경제정책을 선불리 중국 전역에서 동시에 진행하기는 중앙정부에서도 부담이 었을 것이다. 주변국들의 성공담을 여러 번 확인하긴 했지만, 중국에 모두 적용하기엔 또 미래는 모를 일이기 때문이다.

경제특구는 넓고 넓은 중국 대륙에 다양한 경제적 조건을 반영한 아주 효과적인 경제정책이었으나 돌다리도 두들겨보고 건너는 중국 정부의 태도를 상징적으로 보여준다. 지금이야 한국에서도 데모사업 혹은 파일럿사업, 인큐베이터란 이름으로 혁신사업의 효과를 증명하기 위해 많이 쓰인다. 하지만, 그 당시 만에도 흔하지 않던 시행방법이었다. 중국은 엄청나게 크고 작은 도시 중 몇 개 도시를 선정해 정책을 먼저 시행한 뒤 지역별 특징에 따라 장단점을 파악하고 보완하여 중국 전역에 퍼뜨렸다.

그럼 왜 해안가 도시를 중심으로 발달했을까? 우선, 중국의 수도인 베이징에서부터 파격적으로 시행하기엔 정치적인 부담이 상당히 컸다. 경제도시인 상하이가 거의 마지막에 개방한 것도 마찬가지 이유다. 경제특구의 경제적 파급효과를 확실하게 파악한 뒤 정치적 기반을 확실히 하고 경제를 발전시키고자 했다.

또한, 이 지역들은 세계적인 항구도시로 발전한 홍콩과의 거리가 상당히 가까웠다. 홍콩과 가까웠다는 지리적 이점은 단지 물류비용을 낮추는 데 그치지 않고 많은 이점을 가져다줬다. 영국의 경제 인프라를 통해 발달한 홍콩은 중국에서 생산한 제품이 일단 홍콩에 입성하면 세계 곳곳으로 수출할 수 있었다. 다시 말해, 수출길을 활짝 열려면 홍콩의 인적, 물적 인프라를 이용해야 했는데 이러한 홍콩이 지리적으로 가까웠으니 첫발은 성공적인 셈이다.[18)]

1980년대 초 경제특구로 이동한 외국기업의 상당수는 미국, 영국 등지에 있는 외국인 기업이 아니었다. 대부분 홍콩, 마카오, 대만, 일부 동남아에 있던 화교였다. 한국식으로 표현하자면, 한국이 송도를 개방하고 미국에서 성공한 재미교포들이 송도에 회사를 확장 이전한 것과 비슷하다. 세계적인 경제도시로 거듭나고자 도시를 개방했지만, 개혁개방 초기 14억 인구를 보유한 시장을 공략하고자 들어가기엔 기업들의 위험부담이 너무 컸다. 따라서 홍콩과 가까운 해안가 도시를 중심으로 지리적 이점을 충분히 활용하여 초기 경제특구 개방 초기 홍콩, 대만 등 화교 기업을 통해 경제적 효과를 증명하고 외국인 기업을 유치를 확대했다.

중국이 몇 개의 도시를 개방하고 자유로운 경제활동을 보장한다며 외국인 투자자를 유혹한 수년 뒤 이후 중국은 이와 관련한 법적 기반을 마련한다. 법적 근거가 부실한 상태에서 덥석 문호부터 개방한 셈이다. 지금까지의 신념을 뒤집어엎고도 남을 경제정책을 법적 근거도 충분히 마련하지 않고 시행하다니, 일종의 도박과도 같았다.

당시 이러한 결정을 하기까지 덩샤오핑과 중국의 수뇌부는 이메안 생각과 마음으로 추진했을지 어떤 확신이 그들을 움직이게 했는지 궁금해진다. 어쨌든 중국 정부 입장에선 일종의 도박과도 맞먹을 선택이었지만 이러한 중국의 태도 덕분에 초기 중국에 진출한 기업들은 상당히 유연한 중국의 태도를 기업이 편한 쪽으로 이용할 수 있었으며, 이후 제정된 법적 근거들은 외국인 투자자의 자유로운 경제활동을 보장한다는 정부의 의지를 다시 한 번 확인할 수 있게 되었다.

> 중국 입장에선 일종의 도박과도 맞먹을 선택이었지만 이러한 중국의 태도 덕분에 기업은 자유로운 경제활동을 보장받을 수 있었다.

덩샤오핑의 경제특구는 지금까지도 변함없이 아주 유용하고 효과적인 경제발전수단의 촉진제가 되어왔다. 해안가의 대표적인 지역인 장쑤성에는 많은 개발구역(Development Zone, DZ)이 있다. 장쑤성은 상하이 근처에 있는데 2000년대 이후 장쑤성 지방정부가 전략적으로 DZ의 개발을 독려했다. DZ를 통해 벌어들이는 경제적 수익과 파급효과가 상당하기 때문이다. 슈양경제기술개발구역(슈양DZ)은 2001년 시작되어 2013년에 중국국가경제기술개발구역으로 승격이 되었다. 슈양DZ는 2011년 기준 10만 명이 넘는 노동인구가 422개의 기업에서 일하고 있다. 장쑤장지아강DZ는 2017년 기준으로 1만3천 개 기업이 4천950억 위안을 벌어들였다. 장쑤성에는 이런 DZ가 140여 개가 넘게 있다.[19)]

외국인직접투자

중국은 동아시아의 개발특징을 차용하면서도 이에 더해 중국만의 독특한 방식을 추가했다. 그중에 하나가 외국인직접투자(Foreign Direct Investment, FDI)다.

덩샤오핑의 집권 초기, 덩샤오핑에게는 후야오방이라는 경쟁자가 있었다. 앞서 언급한 것처럼 후야오방은 본의 아니게 자신의 죽음으로 톈안먼 사건의 원인을 제공하기도 했다. 미오쩌둥의 적통 후계자이기도 했던 후야오방은 신대약진운동(1977~1978)을 주장했다. 그는 외국 기술을 수입해 경제발진을 꾀하자는 취지인데 외국공장을 통째로 수입해오자고 했다.

하지만 당시 중국은 외국공장을 통째로 들여올 돈이 없었다. 어째어째 수입을 한다 치더라도 공장을 건설한 뒤 성공적으로 운영할 노하우도 없었다. 후야오방이 집권하여 신대약진운동을 추진했더라면 중국의 경제발전은 지금보다 10년 정도 후퇴했을 듯하다. 다행인지 불행인지 덩샤오핑만큼 인민의 지지를 받지 못했고 결국, 신대약진운동은 제대로 적용도 해보지 못하고 사라지고 말았다.

신대약진운동으로 공장을 수입해올 수 없나는 FDI로 외국인 돈으로 공장을 짓게 하자는 대안이 떠올랐다. FDI는 중국 정부의 돈을 들이지 않고도 외국공장을 통째로 수입하고 성공적으로 운영할 수 있는 좋은 아이디어였다. 그동안 문호를 닫고 외국인을 못 미더워했던 중국인으로서는 조금 마땅치는 않긴 하지만, 땅만 제공하면 외국자본이 알아서 들어와 공장을 짓고 중국인을 고용해 제품을 생산하고 수출하며 비즈니스를 확장해가니 손쉽게 경제에 긍정적인 자극을 주고도 남을만했다. 더욱이 덩샤오핑이 경제개방을 고려할 당시 대만도, 한국도 모두 수출주도 경제정책이 빛을 발하기 시작할 즈음이었다. FDI를 통해 그들처럼 수출주도 경제정책이 경제발전의 든든한 뒷받침이 된다면 해볼 만한 정책이었다.

1990년대 들어 눈에 띄게 증가하기 시작한 FDI는 이후 중국에서 경제성장의 든든한 원동력이 되었다. 중국은 2020년 기준 세계 최대 FDI 유입국이다. 1991년 GDP 대비 1.1%에 불과했던 FDI는 2년 만에 6%까지 치솟았다. FDI는 꾸준히 증가했고, 2020년 기준 1,490억 달러를 기록했다. 중국 수출의 40% 이상이 외국기업에 의해 주도되었다. 근래에는 첨단사업에 FDI 유입이 증가하고 있으나, 2000년대까지만 해도 중국으로 유입되는 FDI는 수출을 위한 투자로 대부분 제조업이었다. 지금에야 엄청난 규모의 내수시장이 받쳐주고 있지만, FDI가 개혁개방 초·중기 중국경제 성장을 이끌었다고 해도 과언이 아니었다.

2020년 기준으로 33개 성·시·자치구 중 GDP 상위 10개는 광둥성, 장쑤성, 샨동성, 저장성 등으로 대부분 해안가에 위치해 있다. 중국의 개혁개방정책이 모두 해안가 지역을 중심으로 경제발전정책을 시행한 결과다. FDI 유입 규모나, 수출중심 제조산업 비율, GDP 대비 제조업 비중 등 모두 비슷한 양상을 띤다. 노동력 또한 개방한 도시에 몰려들었다. 기업의 입장에서 보면 정치적인 위험만 보장만 된다면 중국만큼 양질의 제품을 낮은 비용으로 생산할 수 있는 완벽한 조건이 었기 때문에 중국으로의 사업 확대를 마다할 이유가 없었다.

왜 중국은 유독 FDI를 활용한 경제 전략을 꾀했을까? 성공모델로 삼았던 대만과 한국의 FDI 비율은 무시할 수 있을 만큼 미미한 수준이다. 상당히 단순하게 정치적인 관점에서 접근할 필요가 있다. 한국과 대만은 아시아의 중요한 전략적 요충지로 미국의 상당한 지원을 받을 수 있었다.[20] 한국은 미국이 원조를 가장 많이 한 10대 국가 중 8번째 국가로 1945년 이후 한국에 지원한 금액이 약 761억 달러에 달한다.[21] 미국으로부터 돈을 빌릴 수 있을 뿐만 아니라 제품을 생산만 하면 미국 시장을 충분히 활용할 수도 있었다.

하지만 중국은 달랐다. 소련과 껄끄러운 사이이긴 했지만 맑시즘으로부터 내려오는 공산주의를 공유하는 국가로 민주주의를 표방하는 미국과는 결을 달리한다. 중국은 미국에서 원조를 받는 것은 상상할 수도 없었다. 게다가 1960년대 초 러시아의 지원이 갑작스레 끊겼으니 한국처럼 비빌 언덕도 없었다. 국가 간 지원을 받지 못하는 중국은 우회적으로 기업들에게 투자할만한 충분한 가치가 있는 매력적인 시장임을 어필할 필요가 있었다.

국가간 지원을 받지 못하는 중국은 우회적으로 기업들에게 투자할만한 충분한 가치가 있는 매력적인 시장임을 어필할 필요가 있었다.

FDI는 중국의 수출지향 경제정책뿐만 아니라 급속한 도시화를 이루는데도 한몫했다. 외국기업에 의해 창출된 고용은 엄청났을 뿐만 아니라, FDI는 수출을 위한 제반 시설 건설에도 상당한 역할을 했다.

1993년부터 2002년까지 중국에 흘러 들어간 FDI의 10%는 고정자산에 투자되었다. 다시 말해 각종 설비, 인프라시설에 투자되었다는 의미인데 FDI로 인해 건설된 인프라시설은 이후 경제활동의 밑바탕이 되는 경제 선순환의 고리가 된다.

동아시아 경제발전 모델

중국은 동아시아 경제발전 모델을 상당수 따라 했지만 이에 그치지 않고 중국의 당시 형편에 맞게 업그레이드시켰다. 앞서 설명한 경제특구, FDI 도입과 같은 중국만의 독특한 경제정책을 추진했다. 그렇다면 동아시아와 비슷한 경제정책들은 무엇일까?

우선 동아시아 경제발전 모델이 무엇이었는지부터 알아볼 필요가 있다. 20세기 후반에 등장한 발전주의 국가(developmental state)는 정부가 경제개발을 위해 광범위한 규제와 계획을 통해 강력하게 개입하는 것을 말하며 차머스 존슨(Chalmers Johnson)이 일본의 경제개발을 설명하면서 등장했다.[22] 정부는 미래를 이끌 산업을 특정해 기존 주력산업에서 신흥육성산업으로의 전환을 계획하고 적극적이며 직접적으로 개입하는데 주저하지 않는다. 한국과 일본, 대만, 싱가포르 등이 대표적이며 이들 모두 정부가 시장에 적극적으로 개입할만한 권력을 가진 동시에 상당히 권위적이고 관료주의적이다.

이 권위적이고 관료주의적인 발전주의 국가는 경제성장을 위해 단행한 정책 중 대표적인 것이 금융억압정책이다. 중국은 강력한 통제하에 의도적으로 낮은 이율을 고수했는데 낮은 이율은 여러모로 중국 경제에 긍정적인 영향을 끼쳤다. 우선, 이자수익이 높다면 경제활동을 하지 않고도 이자수익으로만 먹고 살 텐데 이자가 낮기 때문에 축적한 자본을 이용해 지속적인 다른 경제활동을 유도할 수 있었다. 기업들은 적극적인 투자를 이어갈 수 있었고, 정부는 낮은 이자율 덕에 인프라개발을 추진에 부담을 덜 수 있었다.

촘촘히 관리하던 환율 또한 싼 중국제품을 전 세계에 수출할 수 있게 한 원동력이 되었다. 환율에 대해 더 얘기해 보자면 흥미롭게도 마오쩌둥 시대, 중국의 환율은 지금과 사뭇 달랐다. 달러 대비 말도 안되게 비싼 위안화 정책을 고수했는데, 2021년 11월 기준으로 1달러에 6.40위안인 환율은 1971년까지 1달러에 2.46위안이었다.[23] 현재 제 2위 파워가 된 경제 대국도 싼 환율을 고수하고 있는데 극빈국이나 다름없던 시기 지금보다 2.6배 비싼 환율을 고수하다니 왜곡을 해도 정말 터무니없는 수준이었다.

극빈국이나 다름없던 시기 지금보다 훨씬 비싼 환율을 고수하다니 왜곡을 해도 정말 터무니 없는 수준이었다.

사실 세계사회에서 철저히 고립을 추구했던 중국은 수출이 주요한 환율 결정 요인이 아니었다. 비싼 원재료를 싸게 수입하려는 고육지책이었다. 개혁개방정책 이후 중국 정부는 4단계에 걸쳐 중국의 현재의 환율정책을 완성한다. 중국은 1990년대 중반에서 2005년까지는 고정환율을 꾀했으나 이후 일부 조정을 거쳐 현재는 정부가 안정된 수준으로 시세를 관리하는 관리변동환율제를 도입해 운영하고 있다.

일관적인 중국의 환율정책은 외국기업의 신뢰를 얻는 중요한 요인이 되었다. 1990년대 말이 결정적이었다. IMF 당시 한국은 1달러가 700원 정도였던 환율은 하루아침에 2천 원이 되는 등 경제예측이 불가능하던 시기였다. 반면 중국은 IMF 이후 한 2여 년간은 수출이 타격을 입기도 했지만 포기하지 않고 고정환율을 고수함으로써 외부의 심각한 변동성으로부터 위안화의 안정성을 지키고 동시에 기업들의 신뢰를 얻을 수 있었다. 어쨌든 중국 정부의 엄격한 환율 관리 시스템은 예측할 수 없는 외부경제 충격을 완화할 수 있는 완충 장치역할을 충실히 했다.

미국을 비롯한 선진국들이 중국의 저가환율 정책 때문에 시장을 왜곡하고, 상당한 피해를 끼친다고 볼멘소리를 한다. 그럼에도 불구하고 중국 정부가 일관된 환율정책을 고집하고 있는 이유로 다음과 같이 정리할 수 있다. 우선 외국기업들이 중국 내 정치적 리스크에 대한 우려를 떨치고 안정적인 기업 활동을 할 수 있는 환경을 제공할 수 있게 했던 이전의 경험이 있기 때문에 중국 정부로서는 확고한 환율제도가 기업의 안전한 경영활동을 보장하기 위한 필수요소로 인식하고 있다. 두 번째로 삼성의 휴대전화기와 같은 기술력이나 애플의 높은 고객충성도가 없는 중국은 아직 선진기술로 무장한 하이앤드 제품보다 저가제품 중심의 수출이 지배적이다. 따라서 세계기술을 이끌어가기보단 적당한 기술에 값싼 제품전략이 통하는 싼 위안화 정책이 여러모로 효과적이다.

한국과 대만, 일본 등 중국뿐만 아니라 동아시아에서는 시장에서 정부의 역할이 상당히 중요했다. 중국 정부가 다른 동아시아 국가들처럼 시장에서 강력한 개입을 할 수 있었던 이유는 중국이 기업, 금융기관 불문하고 모두 강력한 영향력을 행사해올 수 있었던 구조적인 요인을 들 수 있다. 한국의 경우, 은행은 정부 소유, 기업은 개인 소유였다. 하지만 박정희 정부 시절, 민간기업을 정부 경제정책의 실질적인 역할을 하도록 엄격한 관리통제를 행사했다. 대만은 은행을 정부가 소유하고 대기업은 국민당과 정부가 소유했기 때문에 손쉽게 조정자로서 역할이 가능했다.[24] 중국은 이 두 이웃 국가보다도 시장경제를 통제하기 더 쉬웠다.

개혁 이전, 중국에서는 금융기관이라고 해봐야 재정 역할을 하는 은행 하나 달랑 있었다. 이나마도 1980년대 이후 4대 은행으로, 이후에 은행 많아졌지만 대부분 정부 소유 은행들이다. 개혁 초기 중국의 기업은 거의 모두 국유기업(State-owned Enterprise, SOE)이었다. 개발이 한창이던 1990년대 말 대규모 구조조정으로 합병, 폐쇄, 혹은 민간기업으로 전환되었다. 따라서 정부의 입김에 따라 돈의 흐름도, 기업의 흥망성쇠도 달려있어, 개혁 초기, 금리부터 통화정책, 환율, 기업의 비즈니스 전략까지 모두 정부의 정책대로 일사불란하게 움직일 수 있었다.

농업개혁

안후이성에 사는 농민들이 수익을 창출할 수 있도록 비밀리에 합의를 본 것으로 시작되는 중국의 농업개혁은 덩샤오핑의 개혁개방정책을 논할 때마다 빠짐없이 나오는 소재다. 그래서 상투적이지만 농업개혁을 말하지 않고 지나갈 순 없다.

중국의 국기인 오성홍기는 빨간색 바탕에 별이 다섯 개가 그려져 있다. 가장 큰 별은 중국공산당이고 작은 4개 별은 노동자, 농민, 소자산계급, 민족자산계급이다. 붉은 바탕은 붉은 혁명을 상징한다. 중국 국장엔 노란 둥그런 테두리가 있는데 이 노란색 테두리를 자세히 보면 곡식이 그려져 있다. 지금에야 GDP의 8% 정도만 농업이지만 중국건국 당시만 해도 중국 존재 핵심은 농업에서 비롯되었다. 개혁개방 당시 농업인구는 전체 노동인구의 70%를 차지하고 GDP의 1/3을 차지할 정도로 중국건국의 기반은 농업이다.

중국국기인 오성홍기

중국국장

마오쩌둥은 농업을 가장 중시했다. 마오쩌둥의 통치 시기 도시인구가 농업개간을 위해 도시에서 농촌으로 떠나야 했다. 마오쩌둥은 과학자와 교수 등 지식인을 상당히 싫어했는데, 싫어했던 이유가 이들은 손에 흙을 묻히지 않고 말로만 지식을 자랑했기 때문이었다.[25] 따라서 마오쩌둥 시대에는 많은 정치선전 운동을 통해 지식인들 혹은 부유한 사람들은 강제로 농촌에 가서 고된 노동을 해야 했다. 마오쩌둥을 제외한 어느 누구도 예외가 될 순 없었다. 덩샤오핑도 마찬가지였다. 그도 7년간 시골로 내려가 다른 사람들과 같이 일하고 지내야 했다.

마오쩌둥은 정부의 관료라면 대중의 목소리를 직접 듣고 정책에 반영해야 한다고 강조했다. 위기일수록 대중으로부터 대중에게로 가라고 했다. 마오쩌둥이 말하는 대중은 다름 아닌 농민이었다.

그런데 이 농민들은 자신의 땅이 없었다. 모두가 공동소유의 땅을 개간해야 했다. 어디를 가나 무임승차족은 항상 있는 법이다. 얼마 전 인터넷에서 한동안 이슈가 된 뉴스를 봤다. 사실 가짜뉴스다. 거짓말이라지만, 사람의 심리가 어떤지 극단적으로 보여주는 예가 아닐까 싶어 소개하고자 한다.

미국의 한 대학교에서 학점을 후하게 주기로 유명한 교수님이 수업을 듣는 학생 전원에게 F를 주었다고 한다. 사상 논리를 설명하다 학생들과 내기를 했다. 교수님은 시험을 봐서 나온 평균으로 모두에게 같은 점수를 주겠다고 했다. 첫 시험에는 열심히 하는 학생들이 상당수 있었다. 평균은 B 즈음 나왔고 열심히 공부한 학생은 실망했다. 그렇게 두 번, 세 번의 시험을 거쳐 보니 누구도 공부를 열심히 하지 않았다고 한다. 어차피 공부 안 하는 사람들 때문에 점수는 낮게 받을 게 뻔했기 때문이다. 그렇게 학생들은 결국 전원 F를 받는 초유의 사태가 발생했다. 다시 말하지만 믿거나 말거나 가짜뉴스다.

마오쩌둥 시대 농사도 마찬가지일 듯하다. 개인의 의지를 독려하기 위해 많은 계몽운동을 했어도 무임승차족은 도처에 있을 것이다. 위의 거짓 사례처럼 극단적인 결과는 초래하지 않겠으나 생산량이 최대화되긴 일찌감치 그른 구조였다. 중국 정부는 1958년까지는 100~250 가구가 한 단위로, 그 후 2년간은 5천 가구가 한 가구로, 이후에 한 단위당 구성원 수는 크게 줄어 1981년까지 30여 가구를 한 단위로 나누어 관리했다. 통제 단위를 줄여도 보고 늘려도 보아도 농업 생산량은 20년 전과 비교해 그대로였다. 농촌의 조직은 애초에 생산성 향상에 목적을 두기보단, 공동체 의식을 매개로 하여 국가 이데올로기, 정확하게는 마오쩌둥의 이데올로기를 주입하고, 국가 권력이 농촌 구석구석까지 영향력을 끼치는데 더 큰 목적이 있었다. 따라서 이를 통한 생산성이 증대되는 기대는 무리가 있을 수 밖에 없었다.[26)]

농민들의 불만은 터져 나오지 않을 수 없었다. 하급관료들은 불만사항을 곧이곧대로 상부에 보고하지 않았다. 사실대로 보고했다간 본인이 능력이 부족하다고 실토하는 꼴이 될 테니 말이다. 사실을 직고하기보단 생산량이 늘었다며 자신의 업적을 홍보했다. 결국, 중앙정부는 늘어난 생산량을 토대로 세금을 늘렸고, 수천만 명이 죽은 대기근이 발생하기에 이르렀다.

개혁 초기, 덩샤오핑의 마음을 간파했는지는 모른다. 오비이락이었든 아니었든 안후이성의 농민들은 반란을 일으켰다. 농민들은 각자 필지를 나누어 일정량은 세금으로 떼고 나머지는 자기의 호주머니에 넣기로 했다. 열심히 일해 많이 수확한다면, 그만큼 자기 몫이 되었다. 내가 조금 더 일해 더 번다면 내 가족이 한입 더 먹을 수 있었다. 생각해 보면 당연할 수도 있겠지만 농업계 혁신을 불러오는 사건이었다. 게임의 룰도 형태도 모두 바뀌었다. 이제는 더는 단체전이 아니었다. 철저한 개인전이 되었다.

옆집 숟가락 개수도 아는 사이에 비밀은 있을 리 만무했다. 마오쩌둥 집권 시기에 이러한 모략을 시행했다면 비밀계약에 서명한 농부들은 사형을 받고도 남을 반란 중 반란이었다.

옆집 숟가락 개수도 아는 사이 비밀은 있을 리 만무했다. 마오쩌둥 집권 시기에 이러한 모략을 시행했다면 농부들은 사형을 받고도 남을 반란 중 반란이었다. 하지만 사회 분위기가 달라졌다.

하지만 사회 분위기가 달라졌다. 안후이성은 몇몇 농부의 비밀계약을 곧장 성 전체에 도입했다. 이전 같았으면 자본주의 사상으로 오염되었다고 비난을 받았을 테지만, 변화한 사회에서는 생산성을 향상시키는 효과적인 방법이라며 환영했다. 이어 쓰촨성도 인근 성들도 모두 토지사용권을 주고 산출물에 대한 개인의 소유를 인정하며 농업개혁은 그렇게 시작되었다.

중요한 것은 소유권을 준 것이 아니라 토지사용권만 인정했다는 점이다. 이 개념은 나중에 도시화와 부를 창출하는 도시민들을 설명할 때 아주 중요한 핵심이 된다. 어쨌든 토지를 준 것도 아니고 사용권을 준 것만으로도 놀라운 결과를 낳았다. 20년째 제자리걸음이던 농업 생산량은 기다렸다는 듯이 폭증했다. 개혁개방을 선언하기 1년 전 1인당 연 생산량은 300kg에 불과했지만 1984년에는 3배나 증가했다. 농민들은 늘어난 수입에 저축도 하기 시작했다. 1980년대 말 농민들은 연평균 300위안을 모을 수 있었다.[27] '얼마 안 되네?'라고 생각할 수 있지만, 농민에게 현금이 있다는 사실만으로도 엄청나게 중요한 의미가 있었다.

7년 농지사용권을 주었던 정부는 이후 점차 늘려 농민들에게 50년간 농지를 사용할 수 있는 권한을 부여했다. 7년 이후의 삶이 불안했던 농민들은 50년간 안정적으로 농사를 지을 수 있다니 7년 이상의 장기적인 투자도 가능했다. 생산량이 급증하는 건 당연지사였다. 농업개혁은 다른 산업의 발전도 불러왔다. 수확량은 늘고 수익도 함께 늘어나고 어제보다 오늘 농민의 삶은 눈에 띄게 나아졌다.

향진기업

농촌개혁으로 인한 여파는 단지 농부들의 생활개선에 머물지 않는다. 몸속의 피처럼 돈이 돌고 돌아 경제가 발전하는 중요한 추진력이 되었다. 수확량이 늘어난 농부들은 돈이 있으니 소비할 일도 생겼다. 수입이 늘어난 농부들은 수확량을 개선하기 위해 농기구도 샀다. 좀 덜 힘들게 농사를 짓고 싶은 마음도 있었을 것이다. 혹은 더 많이 수확하고 싶은 욕심도 있었을 것이다.

여하튼 그들은 농사를 위해 자의로 투자하기 시작했다. 농사에 투자하고 남은 돈으로 낡아빠진 자전거도 바꾸기도 하고, 예전 같았으면 상상하지도 못했을 여름을 날 선풍기도 들여놓을 수 있었다. 공급만 강조하던 마오쩌둥의 경제정책에서 이제 벗어나 수요로 비롯된 경제가 창조되기 시작한 시점이다.

이에 부응하듯, 농촌 주변, 그리고 도시 인근에서 소규모 기업들이 속속 생겨났다. 이 소규모기업들은 농기구, 선풍기, 자전거, 주방용품과 같은 단순한 가정용 제품을 주로 생산했다. 며칠만 배우면 충분히 만들 만한 제품들이었다. 중소도시의 기업이라고 해서 향진기업(乡镇企业, Township-Village Enterprise, TVE)라고 불리는데 7~8명 이하의 소규모 회사들이었다. 비록 가내수공업의 업그레이드 버전이지만 수요도 많고 수익도 이전보다 나았기 때문에 향진기업은 기하급수적으로 늘어난다.

국유기업은 중앙정부와 성 정부에서 관리를 한다면, 이 향진기업은 이들의 관리대상이 아니었다. 그렇다고 100% 개인 소유의 사기업도 아니었다. 시골, 부락, 촌락 정도 규모에서 공동체 기업 정도의 민영기업인 듯 국유기업인 듯 중간 어디쯤 속한 하이브리드 기업이라고 하면 적합할 듯싶다. 국유기업인 듯 아닌듯한 애매모호한 성격의 향진기업은 계획경제에서 시장경제로 국가 경제 시스템이 전환되던 시기 성공적으로 정착할 수 있도록 과도기 경제가 만들어낸 중국 특유의 기업형태이다.

개혁개방 초기 엄청난 외국기업이 경제특구에 진입해 든든한 중국

경제의 버팀목으로 역할을 해왔지만, 한편으로는 중국 내수시장의 성장도 한몫했다. 내수시장을 성장할 수 있게끔 추진력을 불어넣었던 경제형태가 이 향진기업이었다. 대규모 자본이 없는 지방에서 목돈을 들이지 않고도 쉽게 시작할 수 있었기 때문에 농업 외 수익을 창출하는 시골에서는 믿음직한 효자였다. 중국 내수시장의 성장은 향진기업의 성장이 그 주축이었다.

시골에서 공동체가 관리하는 향진기업들은 그야말로 수직상승했다. 향진기업이 생겨난 지 1980년대 초까지만 해도 3만 개가 되지 않던 그 수가 1980년대 말이 되었을 때 20만 개에 육박했으며, 고용인구 또한 늘어난 기업의 수만큼 큰 폭으로 늘어났다. 1980년대 초반 4천만 명 정도였던 향진기업의 고용자 수는 1990년대 중반 1억4천만 명까지 늘어난다.[28)] 10인 이하 마이크로 기업임을 고려했을 때 엄청난 증가임을 알 수 있다.

상하이 근처에 있는 장쑤성은 향진기업이 엄청나게 발달한 지역으로도 유명하다. 특히 장쑤성 남부에서 많이 발달했는데 1978년 전체 생산량 중 향진기업이 차지하는 비중이 10% 미만이었지만, 1991년에는 1/3를 넘겼다. 1990년부터 1993년까지 연평균 성장률은 30%를 웃돌았으며, 1994년에는 향진기업의 생산량이 전체의 70%까지 차지할 때도 있었다.[29)]

하지만 2000년대 중·후반부터는 시장에서의 향진기업의 영향력은 줄어들기 시작한다. 중국 남부의 일부 향진기업은 자본집약적산업을 중심으로 발달되기도 했지만, 대부분 향진기업의 주력 생산제품은 고도의 기술이 필요 없는 제품들이었다. 경제개혁 초기, 경제에 힘을 실어주는 엄청난 이바지를 했으나 중국 경제가 고도화될수록 경제는 중공업, 서비스산업, IT 기술을 필요했기 때문에 향진기업의 영향력은 줄어들 수밖에 없었다.

또한, 당시 향진기업에게는 브랜드의 중요성이라곤 없었다. 내 회사를 홍보하기보단 싼값에 적당히 움직이는 제품을 많이 만들어 파는 게 우선이었다. 파는 족족 이익이었기 때문이다. 아무리 봐도 다를 게 없어 보이는 마치 복사해서 붙여넣은 기업들은 우후죽순 생겨났고, 향진기업의 공급은 수요를 빠른 속도로 따라잡았다. 경제가 성장하면서 소비자들은 호주머니에 돈이 늘어났다. 이들이 조금 더 값을 주더라도 선진기술로 무장한 세련된 제품구매를 선호하기 시작하면서 기술혁신이 없는 향진기업의 제품은 시장에서 자연스럽게 밀려났다.

지금에야 영향력이 적지만 우리가 향진기업을 주목해야 하는 이유는 농업개혁을 시발로 소규모의 향진기업이 탄생했고, 이들은 중국 경제 초기 단계에서 산업발전의 견인차 구실을 했기 때문이다. 이들이 창출한 일자리는 어마어마했으며, 도시화 초기 단계에 인구 유입의 주된 동인이기도 했다. 또한, 단순한 제조업을 중심으로 발전한 이 기업들은 세계의 공장으로 발돋움한 중국의 발판이었으며, 이 기업들을 통해 창출된 부는 이후 경제발전을 이끄는 산업들의 유용한 유무형의 자산이 되었다.

참고문헌

1) New York Times (1992). *SOME CHINESE SEE RETURN TO REFORM*. World. February 12.

2) 연합뉴스 (2019). 中, '5·4 100년, 톈안먼 30년' 앞두고 전방위 통제 강화(종합). 4월 29일.

3) 모리 가즈코 (2012). 이용빈(번역) 현재중국정치: 글로벌 강대국의 초상(제3찬). 한울아카데미.

4) 프리드리히A. 하이에크(2020). 김이석(번역) 노예의 길. 자유기업원.

5) Kroeber, A. (2020). *China's Economy: What everyone needs to know* (2nd edition). Oxford University Press.

6) Lieberthal, K. (2004). *Governing China: From Revolution through Reform* (2nd edition) W.W.Norton&Company (New York).

7) Kroeber, A. (2020). *China's Economy: What everyone needs to know* (2nd edition). Oxford University Press.

8) Naughton, B. (2018). *The Chinese Economy Adaptation and Growth* (2nd edition). the MIT press

9) Trading Economics. China Steel Production. Accessed at: https://tradingeconomics.com/china/steel-production

10) -----

11) 중소벤처기업부 (2020). 2018년 기준 중소기업 기본통계

12) 환경부 (2020). 2020년 물산업통계조사 보고서(2019년 기준)

13) 모리 가즈코 (2012). 이용빈(번역) 현재중국정치: 글로벌 강대국의 초상(제3판). 한울아카데미.

14) China Daily (2012). *Migrant children have greater chance of missing out on school*. August 8. Education.

15) The United Nations Development Programme (2015). *Human Development Report 2015: Work for Human Development*. UNDP.

16) Kroeber, A. (2020). *China's Economy: What everyone needs to know* (2nd edition). Oxford University Press.

17) KOTRA (2021). 중국 선전시의 2021년 상반기 경제동향 및 전망. KOTRA 해외시장뉴스. 8월 20일.

18) Kroeber, A. (2020). *China's Economy: What everyone needs to know* (2nd edition). Oxford University Press

19) Jiangsu Shuyang Economic Development Zone (2013). Shuyang Development Economic Development Zone to Achieve Success (on Chinese). March 5.

20) Kroeber, A. (2020). *China's Economy: What everyone needs to know* (2nd edition). Oxford University Press.

21) 컨슈머포스트 (2020). 미국이 최대 원조국은 이스라엘. 1월 15일. 탑텐코리아> TOP10KOREA

22) Jonhnson, C. (1999). "The Developmental State: Odyssey of a Concept". In Woo-cumings, Meredith, ed. *The Developmental State*. Ithaca: Cornell University Press.

23) Reuters (2009). *TIMELINE: The past, present and future of China's yuan.*

24) Kroeber, A. (2020). *China's Economy: What everyone needs to know* (2nd edition). Oxford University Press.

25) Lieberthal, K. (2004). *Governing China: From revolution through reform* (2nd edition). Norton.

26) 모리 가즈코 (2012). 이용빈(번역) 현재중국정치: 글로벌 강대국의 초상(제3판). 한울아카데미.

27) Kroeber, A. (2020). *China's Economy: What everyone needs to know* (2nd edition). Oxford University Press.

28) Center for International Knowledge on Development (2020). *The Evolution of China's Township and Village Enterprises*. October 27.

29) Long, G., Ng, M. (2000). The political economy of intra-provincial disparties in post-reform China: a case study of Jiangsu province. *Geoforum* 32: 215-34.

제3강

금융개혁

제3강 금융개혁

가끔 은행을 지날 때, 옛날 옛적 매일 통장을 열어보는 친정어머니의 뒷모습이 기억나곤 한다. 그 당시 기억을 더듬어보면 친정어머니가 친구들과 적금 이야기를 많이 하셨던 것 같다. 나의 어릴 적보다도 더 이전에는 은행이자율이 꽤나 쏠쏠해 모든 집이 적금으로 재테크를 했다는데, 실질이자율이 0%와 다름없는 지금에서는 그 시절이 꿈같은 이야기 같기도 하다. IMF 이전만 해도 지금처럼 너 나 할 것 없이 주식시장으로 뛰어들지 않았기 때문에 한국경제가 발전을 거듭하는 동안 은행의 역할은 대단했다. 예전만큼은 못해도 지금도 서민들에게는 다른 금융기관보다도 은행의존율은 여전히 높다.

중국은 자타공인 세계에서 가장 높은 저축률을 자랑한다. 한국도 1960년대부터 급속하게 저축률이 증가하기 시작해서 1980년대 후반에는 GDP 대비 저축률이 40%와 함께 가장 높은 저축률을 보이기도 했나. 하시만 개혁개방 이후 시기를 막론하고 대부분 한국보다 중국의 저축률이 더 높은 편이었다. 배리노턴(Barry Naughton)의 책에 소개된 조사에서는 남자 쪽에서 집을 마련해야 하다 보니 자녀의 결혼을 위해서 중국인이 저축하는 경향이 있다고 지적하기도 했다.

원인이야 어찌 됐든 중국은 한국보다 훨씬 높은 [illegible] 확실하다. 인 그래도 높은 저축률을 보이던 중국은 2000년대 들어 저축률이 크게 증가하여 2010년에는 GDP 대비 50%에 육박하기도 했다. 이후 저축률은 다소 감소하지만, GDP 대비 45% 선으로 GDP 대비 35%가 되지 않는 한국과 비교해 월등히 높은 수준을 유지하고 있다.[1)]

따라서 한국과 중국은 통장을 바라보던 부모님의 기억 같은 이런 추억을 공유할 수 있다. 그런데 미국에서는 아니다. 미국과 같이 금융제도가 다양하게 발전한 나라는 은행의 비중이 상대적으로 낮기 때문이다. 은행을 대체할만한 다양한 기관이 은행의 역할을 대신하고 있다. 한국도 은행의존율이 높은 편이고 중국의 은행의존율은 한국보다 더 높은 편이다. 중국의 금융 분야는 모두 은행을 중심으로 움직이고 있다고 해도 과언이 아니다.

어떤 나라든 금융 분야를 다루는 게 가장 머리가 아프다. 하지만 중국의 금융개혁은 지금의 중국 경제를 이해하는데 가장 핵심적인 요소이다. 덩샤오핑의 개혁개방정책이 개혁 초기의 경제 근간을 이루었다면, 1990년대 이후 중국을 설명하기엔 금융개혁을 중심으로 설명하는 것 말고 더 좋은 방법이 없다. 조금은 복잡해도 왜 2000년대 들어 중국은 인프라건설에 공을 들이고, 지방정부는 은행으로부터 돈을 빌리기 어려운데도 많은 돈을 빌릴 수 있었는지, 주택시장 붐을 이루었는지 등 이해하는 데 큰 도움이 된다.

중국을 구성하는 금융시스템은 은행과 주식시장, 채권시장, 그림자금융(shadow banking)으로 4가지로 나눌 수 있다. 이 중에서 은행의 영향력이 가장 컸고 앞으로도 클 것으로 예상하고 할 수 있다. 이 장에서는 가장 영향력이 큰 은행의 간략한 발전사와 대중에겐 다소 생소한 용어인 그림자금융을 중심으로 중국 경제에 관해 설명하고자 한다.

1. 금융개혁 이전

마오쩌둥 시대 금융은 딱히 쓸모 있진 않았다. 모든 공급요소를 중국 정부에서 관할했던 당시, 중국인들은 대부분 배급을 받거나 자체 생산해 해결해야 했다. 거래가 있어야 돈이 도는데 거래 자체가 없으니 돈이 돌리가 만무했다. 돈이 없으니 개인이 저축할 일도 딱히 없었다. 개인저축이 제로(0)인 시대, 딱 마오쩌둥의 시대였다.

개혁개방 이후, 1997년 한국이 IMF로 고전을 면치 못할 시기가 지난 시점 즈음부터 중국의 금융시스템이 발전하기 시작했으니 중국의 금융시장은 상당히 늦게 발전된 편이다. 회사채 발행은 2010년 전엔 전무하다시피 했고, 주식시장도 2000년대 중후반부터 겨우 갓난아기 티를 떼기 시작했다. 중국 내에서 급속하게 수출을 증가시켰던 기업의 대부분 외국기업이었고 이들은 다 외국에서 대출을 받았기 때문에 딱히 중국 금융시장이 늦게 발전해도 현실적으로 지면하는 어려운은 많지 않았을 것이라 본다.

어쨌든 중국은 개혁개방을 통해 호주머니에 돈이 생기기 시작했다. 농업개혁으로 농민들의 수익이 개선되었다. 농산물 거래를 통해 현금을 손에 쥘 수 있게 되었다. 수익 일부는 새로운 농업기술 도입, 상비

구매 등에도 사용했지만 일부는 저축을 통해 미래를 대비해야 했다. 개인저축 제로인 무일푼 시대를 벗어나 늘어나는 수입을 안전하게 보관할 장소가 필요했다.

개혁개방 이전의 은행은 있긴 했었는데 중앙은행이지만 기업대출도 관할하고, 환율도 담당하는 그때그때 중국 정부의 필요에 따라 움직이는 기관에 지나지 않았다. 전문적인 임직원을 갖추지 못한 것은 당연지사고 공산당 역시 은행을 어떻게 활용해야 할지도 막연해했다.[2)]

이전까지는 중국인민은행(中国人民银行, the People's Bank of China)이 금융과 관련된 모든 역할을 해왔으나, 경제성장을 위해서는 보다 전문화되고 세분화한 은행들이 필요했다. 따라서 1980년대부터 1990년대즈음 중국은 중앙은행과 함께 소위 "4대 은행"이라고 해서 100% 정부지분으로 출자하여 유일무이 단일 은행의 역할을 세분화했다. 겉으로 보기엔 전문화되어보이는 등 나름 발전이 있었지만, 1980~90년대 걸쳐 인민은행과 기타 은행의 고위직에 대한 임명권은 지방 공산당이 쥐고 있었다. 임명권이 정치적 이익과 관련이 있다보니 1980년대 인플레이션은 어쩌면 피할 수 없는 결과일 수 밖에 없었다.[3)]

4대 은행은 중국 뉴스를 보다 보면 한 번씩 들어봤을 만한 은행들로 중국은행(中国银行, the Bank of China), 중국건설은행(中国人民建设银行, the China Construction Bank), 중국공상은행(中国工商银行, the Industrial and Commercial Bank of China), 중국농업은행(中国农业银行, the Agricultural Bank of China)가 이 빅4에 해당한다. 중국공상은행은 한국에 그 지점이 있기도 하다. 이 4대 은행은 중국의 경제정책을 성공적으로 수행하기 위해

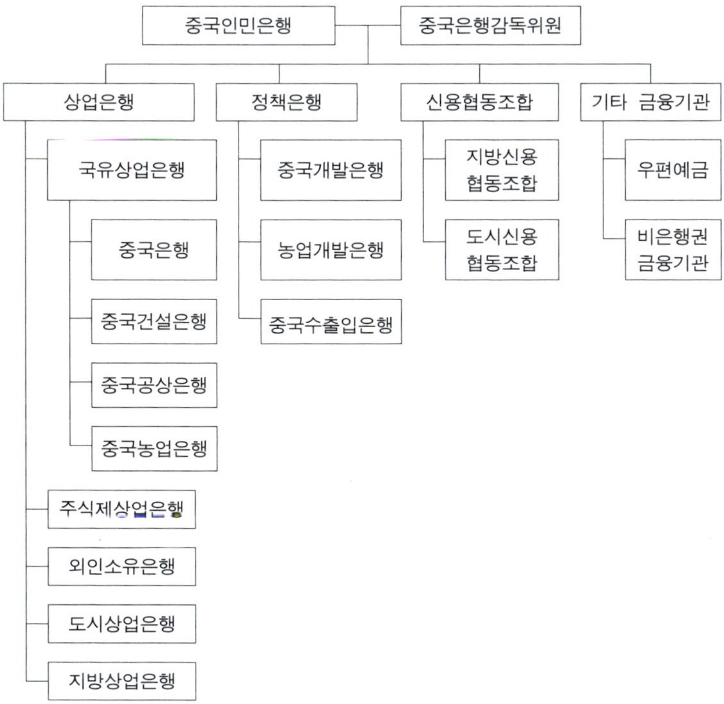

중국 은행구조

(출처: Geretto, E., Pauluzzo, R.(2008). The Structure of the Chinese Banking System and Credit Access Problems for SMEs. *Transition Studies Review* 15:558-572)

자금줄 역할을 담당하는데 주로 중국이 중공업 우선 정책과 인프라 건설을 위해 전략적으로 활용되고 있으며, 4대 은행이 2000년대 초반까지도 중국 금융시스템의 대부분을 장악하고 있었다.

참고로 이들 은행의 재무구조가 탄탄하다고는 장담할 수 없다. 적어도 2010년 전까진 막대한 자본을 끌어들여야만 지탱될 수 있는 사업 모델이라고 평가되는데, 연간 20%씩 자금을 늘리면서 부실채권비율은 한결같이 낮게 유지되고 있었다. 따라서 통상적인 회계 조작이

나 부실채권의 문제를 넘어 모종의 정치적 타협이 있음을 의심할 수 있다.[4)]

1994년에는 정책성 업무와 상업성 업무를 분리하여 정책성 업무를 수행하기 위한 3대 정책은행(policy bank)를 100% 중국 정부 출자로 추가로 설립한다. 위에서 언급한 빅4는 상업성 업무를 수행하는 상업은행에 속한다. 3대 정책은행은 중국개발은행(国家开发银行, the China Development Bank), 농업개발은행(中国农业发展银行, the Agriculture Development Bank), 중국수출입은행(中国进出口银行, the China Export-Import Bank)이 이에 해당하며, 상업성 업무와 분리하기 위해 세워진 특수 은행이다. 중국개발은행은 한국의 산업은행과 비슷하다고 생각하면 이해하기 쉽다.[5)] 대표적인 예로 세계 최대 수력발전소인 싼샤댐(三峡大坝, Three Gorges Dam)은 양쯔강 중상류에 위치해 최대저수량은 390억 톤, 연간

싼샤댐 사진

(출처: CNN (2020). *China's Three Gorges Dam is one of the largest ever created. Was it worth it?*. 8월 1일)

발전량은 847억 KW로 어마어마한 크기를 자랑한다. 중국은 이 거대한 수력발전소를 22년간 지었는데 이때 중국개발은행이 돈을 댔다.[6)]

경제가 성장하고 복잡해지면서 유일무이 단일 은행이 4개 은행으로, 7개 은행으로 늘어났다. 하지만 모두 효율적인 정책 운용을 위한 정부 소유 은행들이었다. 1990년대 말에는 소위 "제2은행(second-tier banks)"들이 수두룩 생겨났다. 국영은행이지만 중앙정부가 아닌 성이나 시에서 출자한 은행이란 점에서 이전 은행들과 다르다. 급격하게 늘어난 중국은행들은 대출, 주택담보대출, 신용카드 발행, 신용대출 등 상품을 다양화하기 시작한다.[7)] 개인 및 민영기업의 대출도 이제 생겨나기 시작한 시점이었다. 다시 말해 2000년대 이전까지는 개인대출이 사실상 없었단 말이 된다.

그러면 이쯤에서 한 가지 짚고 넘어가야 할 사건이 있다. 한국인으로서는 한국경제의 중요한 전환점이 된 1997년 IMF. 한국에서는 IMF에서 돈을 빌려줘서 IMF로 기억하지만, 정식명칭은 아시아금융위기(Asian Financial Crisis)로 아시아에서 발생했던 금융위기를 일컫는다. 한국의 금융위기도 있지만, 태국을 포함한 많은 아시아 국가가 한국과 함께 위기를 겪었다. 그런데 이상하게도 중국경제를 논할 땐, 1997년 IMF 혹은 아시아금융위기를 엮어 설명하지 않는다. 아시아에서 중국을 빼고는 설명할 수 있는 게 많지 않은데 중국이 쏙 빠졌다니 충분히 이상하다고 생각할 만도 하다.

1997년 IMF 당시, 한국은 중소 규모 공장들이 도미노처럼 문을 닫았을 뿐만 아니라 중대형 기업들도 모두 부도를 일으켰다. 매일같이 부도 소식이 쏟아져 나왔다. 자금줄이 막혀 연쇄 부도를 내고 있으니 동시에 은행들도 위험했다. 기업들의 부도는 줄기는커녕 매일 늘어났고, 대규모 실업 사태, 가족해체, 자살률 증가 등 절망적인 사회 소식들은 셀 수 없을 정도였다.

하지만 중국은 한국과 달랐다. 아시아 금융위기로부터 2년여 수출 감소라는 타격을 입긴 했지만, 한국처럼 경제 전반을 흔들만한 사건은 아니었다. 결론부터 말하면, 당시 중국은 아직 세계시장을 주도할 만큼 성장하거나 혹은 세계시장의 충격에 상당한 영향을 받을 만큼 밀접한 금융·산업생태계를 형성하지 못했다.

1979년 중국은 선쩐과 여러 도시를 개방하며 경제개혁에 박차를 가하였다. 오픈도어(Open-door) 정책, 말 그대로 도시의 문을 외국인에게 열어 외국인들이 중국의 정치적 위험에서 벗어나 자유로운 경제활동을 할 수 있도록 장소를 개방했다. 앞서 말한 것처럼 도시를 개방하자마자 외국인기업이 물밀 듯이 들어오진 않았다. 1979년 이후 초기 10여 년간은 홍콩, 마카오의 기업이 이전하는 수준에 그쳤을 뿐이다.

1990년대 초 남순강화 이후 강화된 경제정책으로 1992년까지 점차 증가하던 외국기업 유입이 1992년을 기점으로 급증하기 시작한다. IMF가 발발한 1990년대 중후반은 중국이 외국기업을 등에 업고 성장을 가속한 지 고작 5년여밖에 안 되는 시점이었다.

당시 중국의 경제성장률은 어마어마했다. 연평균 두 자릿수에 달하는 누구나 주목할 만한 엄청난 성장률이었지만, 전년 대비 상승률일 뿐이지 절대적인 수치는 아니다. 우리가 아는 중국의 어마어마한 영향력은 대부분 2000년대 후반 이후의 일들이다. 이전까지는 세계 경제에서 중국이 차지하는 비중이 극히 적었다.

아이들과 중국을 비교해 생각하면 이해하기 쉽다. 유아기 아이는 폭풍 성장한다. 50cm였던 신생아는 5살 100cm가 되었다. 두 배 성장이다. 하지만 아직 100cm일 뿐 성인 평균 신장엔 턱없이 부족하다. 신흥시장은 성장잠재력이 어마어마하고 선진국 두 배 이상의 경제성장률을 자랑하지만, 그래도 신흥시장이 전세계에 끼치는 영향은 작다. 중국은 2000년대 후반까지는 세계시장에서 성장잠재력이 큰 신흥시장에 불과했다. 수출로 성장을 했지만 일시적인 수출 감소가 중국경제 전반에 영향을 미칠 수준만큼 절대적으로 크진 않았다.

더 중요한 이유는 중국의 금융시스템에서 찾을 수 있다. 한국은 1995년 OECD 가입으로 자본시장을 크게 개방해 외국으로부터 단기로 돈을 빌리는 등 금융 활동이 활발했다. 하지만 중국 내 은행은 모두 해외은행과 밀접한 영향이 있지 않았던 시기였다. 금융이 발달하지 않았던 중국, 아이러니하게도 기업대출을 막 시작한 중국은 외부로부터의 금융충격에서 살아남을 수 있는 요인으로 작용했다. 은행대출 대부분은 외부경제와 무관한 인프라 건설을 위한 정부의 대출이나 국영기업의 대출이었다. 민영기업의 대출은 전무했다. 설사 국영기업의 대출이 위험하다고 해서 국영기업의 담보를 팔면 될 일이고, 또 국영기업의 부도를 정부에서 두고 보지만은 않을 일이었다.

2. 금융개혁 이후

> 사실 중국은 이미 아시아 금융위기보다 더 큰 위기에 봉착해있었다. 국유기업의 대출은 위험할 만한 수준까지 도달했고, 회수가 어려운 대출은 중국 전체 GDP의 1/3까지 혹은 그 이상 차지할 정도였다.

사실 그 무렵 중국은 이미 아시아 금융위기 만큼 큰 위기에 봉착해있었다. 국유기업의 대출은 위험할 만한 수준까지 도달했고, 4대 정책은행에서 회수하기 어려운 대출로 분류한 정도가 1998년 중국 전체 GDP의 1/3까지 차지할 것으로 파악했다.[8)] 수십 년째 만성적자인 기업이 수두룩했다. 정부는 대대적인 국유기업의 구조조정을 단행했다. 사실상 회생이 불가능한 만성적자인 기업은 합병이나 폐쇄조치가 이루어졌다.

정부는 더 이상 수익이 날 것 같지 않은 국유기업에 대출을 시행하지 않아도 된다고 지시했다. 그동안 대출의 상당수는 회수가 불가능한 것을 알고 있음에도 불구하고 정부의 입김에 혹은 눈치에 대출을 감행해왔던 터라 은행의 부담이 아닐 수 없었다. 이제는 대출하지 않으면 부도가 뻔한 기업에 울며 겨자 먹기로 대출을 실행해도 되지 않게 되었으니 은행의 부담은 크게 줄었다.

정부는 1999년 스칸디나비아 국가에서 성공을 거둔 이른바 '굿뱅크·배드뱅크' 전략을 세웠다. 국영자산관리회사를 세우고, 은행의 골칫거리인 부실채권을 넘기자는 계획이었다. 재정부는 400억 위안의 자본으로 몇개의 국영관리자산회사를 설립했다. 그리고 4대 은행에서 악성 대출금을 추려 이 국영자산관리회사에 넘겼다. 이 회사는 은행으로부터 받은 악성 대출금을 정리하기 시작했다. 이때 국영자산관리회사는 액면가 그대로 넘겨받았고, 은행은 은행 자본금 총액 대비 국영자산관리회사에 넘긴 비율은 건설은행의 경우 50.2%, 공상은행은 53.4%가 넘었다.[9] 토지를 비롯한 담보를 팔아 현금화했다. 100% 대출을 모두 회수할 수 없었지만 20%에 가까운 성과를 올렸다.[10]

정부에서 상당 부분 지원해준 탓에 한숨은 돌릴 수 있었지만 충분하지 않았다. 국영자산관리회사에 넘긴 부실 대출금의 규모는 1조4천억 위안이 넘었다. 지금 한국 돈으로 치면 약 259조 원에 달한다. 2017년 한국의 총 국세는 265조 원인 점을 감안하면 실로 엄청난 규모였다. 실제 악성 대출이 3조5천억 위안(648조 원)이었다. 은행이 정부에 넘겨주고도 해결해야 할 돈이 2조1천억 위안(389조 원)은 됐다.

이후 부실채권의 정리는 2004~5년에 한 번 더 시행된다. 인수 대상은 총 1조6,000억 위안에 달했으며, 4대 은행 외, 중소 여러곳의 부실채권도 함께 포함되었다.[11] 이밖에 은행은 자체적으로도 효율성을 높이고 수익을 극대화할 수 있는 자구책을 마련해야 했다. 구조조정은 물론, 2000년대 중반까지 주주 회사로 체질 개선을 단행했다. 이때부터 외국인 투자자도 참여가 가능해졌다.[12]

다행히 1990년대 말, 2000년대 초 주택시장 개방으로 개인의 주택담보대출이 급속하게 늘었다. 주택시장은 하늘 높은 줄 모르고 성장했고 체질 개선한 중국의 은행들은 수익률이 상당히 좋아졌다. 그래도 부실 대출금이 워낙에 많았던 터라 여파는 2000년대 중후반까지 지속된다. 은행의 개혁조치 여파로 손실회복을 위해 은행은 확실한 담보를 요구했다. 성장 가능성은 풍부하지만, 담보가 없는 스타트업 민간기업이 은행에서 대출받기란 하늘의 별 따기였다. 결국, 주요 고객은 민간기업이 아닌 국유기업이 될 수밖에 없었다. 2010년대 그림자 금융이 등장하면서 민간기업의 대출이 그림자금융을 중심으로 급속도로 증가한 것도 여기서 기인한다.

3. 2010년대 이후

2010년대 들어서 독점적 지위를 가졌던 은행의 역할이 2010년대 중후반까지 소폭 줄어드는 경향을 보인다. 주식시장, 채권시장을 비롯해 각종 그림자금융이 활발해지면서 은행이자율보다 높은 상품이 등장하기 시작했기 때문이다. 돈 있는 사람들은 비싼 이자율을 제공하는 금융기관으로 몰렸다. 자산이 많아 쉽게 은행에서 대출을 받을 수 있는 국유기업과 성장 가능성이 있지만, 담보가 적어 은행에서 돈을 빌리기 어려운 민간기업에 대거 자금이 유입되었다. 채권을 발행하지 못하는 지방정부도 마찬가지로 주요 고객 중 하나였다.[13)]

앞서 언급한 것처럼 주택시장 개방으로 건설 붐이 시작되던 시기로 중국 경제 호황기 중 호황기였다. 비싼 이자로 빌리지만 그다음 날이면 이자보다 훨씬 많이 벌 수 있었기 때문에 이자율 때문에 대출을 마다할 일은 없었다. 비은행권 대출이 급격히 늘어나면서 그림자금융(Shadow Banking)은 2013년 전체 대출의 23%에서 2016년대 말 절반까지 폭증했다. 너 나 할 것 없이 은행이 아닌 금융기관에서 은행보다 비싼 이자에 부담을 느끼지 않고 빌렸다. 그야말로 대출러시였다.

여기서 그림자금융은 비은행 금융기관으로, 정부가 엄격하게 은행을 통제하는 것과 달리 다소 느슨한 규제로 고위험 채권에 투자해 고수익을 얻을 수 있다. 미국금융시장 뉴스를 들을 때 자주 등장하는 신용파생상품, 자산유동화증권, 헤지펀드 등이 그림자금융의 대표적인 상품이다. 참고로 2008년 미국발 세계금융위기도 이 그림자금융으로부터 촉발되었다. 시중 은행과 비교하면 고수익을 창출하지만, 그만큼 변동성이 커 투자 위험도가 훨씬 높다. 하지만 높은 경제성장률과 함께 건설 붐, 활성화된 내수시장은 높은 변동성에 대한 위험을 보장해주고도 남을만한 확실한 보증이 되었다. 중국에서 GDP 대비 140%밖에 되지 않았던 비은행권 대출은 2017년 260%로 거진 두 배가 되었다.[14)]

그럼 중국에서 은행의 의존도는 줄어들었을까? 전체 대출의 70% 이상이 은행 대출로 중국에서의 은행 영향력은 아직까지도 막대하다(미국은 비은행권 대출이 전체 대출의 70% 이상 된다).[15)] 가만히 있을 중국 정부가 아니었다. 느슨한 규제로 빠르게 성장하는 그림자금융은 중국 정부가 은행처럼 손쉽게 모니터링하고 통제하기 어려운 구조였다. 중국 경제 부흥을 위해 무엇보다도 중요한 부분인 금융이 점차 정부의 손에서 벗어나고 있는데 관망할 리가 없었다. 정부는 2016년 들어 그림자금융 비율을 줄이고 은행을 통한 대출

> 그럼, 중국에서 은행의 의존도는 줄어들었을까? 가만히 있을 중국 정부가 아니었다.

을 적극적으로 권장하기 시작했다.

은행에 대한 의존도가 높은 건 2010년대 중반 이후 중앙정부가 그림자금융에 대해 조직적으로 저지한 것이 큰 축이지만, 다른 한편으론 채권시장이나 주식시장의 한계 때문이기도 했다. 중국은 1991년 이후 채권시장과 주식시장을 합법화했다.[16] 그런데 실제 주식시장이 발전한 건 2000년이 훨씬 지나서다. 그리고 경제규모에 비해 주식시장이 다른 선진국처럼 그다지 활발해 보이지도 않는다(중국의 주식시장에 대해서는 중국기업에 대해 논할 때 잠깐 다루기로 한다).

우선, 채권시장을 들여보자. 예를 들어보면 2015년까지 지방정부는 채권을 발행하지 못했다. 은행에서 직접 돈을 빌리지 못했기 때문에 일종의 투자회사를 설립해 우회적으로 돈을 빌려야 했다. 비록 은행 이자보다 이자율이 높고, 상환기간이 짧았지만 건설 붐에서 뒤처지지 않는 것이 무엇보다 중요했다. 이렇게 빌린 돈으로 지방의 각종 인프라시설 건설 및 도시건설에 박차를 가했고 지방정부 간 경쟁이 치열해지면서 빌리는 돈도 급격히 늘었다.

지방정부의 부채는 우려할 만큼 높은 수준으로 빠르게 치솟았다. 2010년대 중반부터 국제기구들이 중국 지방정부의 높은 부채비율에 관심을 가지고 우려하기 시작했다. 하지만, 경제가 커지는 만큼 쓸 곳도 많아지는 법이다. 지방정부의 씀씀이는 줄어들 기미가 없었다. 갑자기 투자를 줄이기엔 경제에 미치는 영향력이 너무 크기도 하고, 경제 수준에 비해 갖추어야 할 인프라는 아직도 부족했다.

심각성을 인지한 중앙정부는 2015년 지방정부의 채권발행을 허용한다. 중앙정부는 그림자금융보다 이자가 낮고 상환 기간이 훨씬 길기 때문에 디폴트 위험을 줄이는 역할을 기대했다. 무엇보다도 지방정부가 돈을 융통할 때 중앙정부가 직간접적으로 통제·관리할 수 있도록 하고 싶었다. 그렇게 지방정부는 채권 발행을 시작한다. 겉으로 보기에 채권시장은 은행 대출 외 신규자본을 조달하는 곳으로 보이지만, 교묘하게 정체를 감춘 대출시장에 가깝다.[17] 엄청난 부채를 가지고 있는 지방정부를 신뢰하고 채권을 구매할 사람은 딱히 많지 않았다. 결국, 지방정부의 채권 대부분 은행이 거둬들였다. 투자회사로 우회하던 대출이 채권으로 바뀌었을 뿐 은행으로의 의존도는 여전했다.

주식시장을 비롯해 여러 형태의 비은행 금융기관이 중국에서도 속속 등장하고 성장해 왔다. 중국의 주식시장은 이미 미국을 견줄만한 수준으로 규모가 커지기도 했다. 하지만 여전히 중국 경제는 은행의 의존도가 높으며, 정부 차원에서도 통제와 관리가 어려운 다른 기관에서의 대출 혹은 금융 활동보다 은행에서의 대출을 선호해 앞으로도 은행 중심의 중국금융시스템이 유지될 것으로 전망된다.

핀테크

일전에 "중국판 꽃거지" 사진이 한창 이슈가 됐던 적이 있다. 그 중국 거지의 외모와 신체조건은 거지패션조차 오트쿠튀르로 보이게끔 했으며, 거리를 걷는 모습은 패션화보의 컨셉사진처럼 완벽해 보였다. 그런데 개인적으로는 중국판 거지를 보면 꽃거지보다 QR코드를 든 사진이 더 기억에 남는다. 행색은 남루한데 휴대폰에 QR코드를 보여주는 모습이라니…… 아무리 봐도 익숙해지지 않는다.

2017년 봄, 중국에 갔을 때였다. 당시 중국인들이 QR로 거래한다는 소식은 익히 인터넷을 통해 듣고 갔기 때문에 중국에서 그런 모습을 보아도 딱히 놀라지 않을거라 생각했다. 그런데 학생시절 즐겨 먹던 고구마가 그리워 거리있는 고구마 장수에게 갔을 때 순간 멈칫하지 않을 수 없었다. 멀쩡한 상점도 없는 고구마 노점상이 말로만 듣던 QR 거래를 나에게 요구했기 때문이다. 웨이신(위챗)을 사용하긴 했지만 돈거래라곤 한 번도 해보지 않은 나는 멋쩍게 현금을 주섬주섬 꺼내 주고 고구마 두 개를 사왔다. 그 순간 한국이 IT강국으로 전 세계를 선도한다는 둥, 세계시장에서 뺄 수 없는 얼리어답터 천국이라는 둥 한국의 선진 시장 이미지를 무색하게 할 만큼 QR코드 하나 없는 시골촌뜨기가 된 기분이었다.

QR코드를 통한 모바일금융거래는 뉴스에서 많이 들어본 핀테크(FIN-TECH)의 대표적인 모습이다. 금융(Finance)와 기술(Technology)의 합성어로 IT를 통한 금융거래 정도 생각하면 될 듯하다. 한국에서는 최근들어 카카오페이, 토스, 삼성페이 등을 통한 모바일 거래가 활발히 발전하고 있으며, 중국에서는 알리바바의 알리페이와 카카오톡과 같은 중국 국민앱, 웨이신페이가 양대산맥이다. 참고로 뉴스에서 알리바바와 함께 자주 들어봤을 만한 기업인, 텐센트가 웨이신을 운영하고 있다.

코로나가 전세계를 강타하고 방역을 위해 QR코드로 출입인증을 하기 전까진 한국에서는 QR코드를 활용하는 사례는 많지 않았다. 하지만 중국은

QR 천국이다. 2014년 글로벌 핀테크 투자규모가 120억 달러로 2013년에 비해 3배 증가했는데 그중에서도 중국이 가장 빠르게 발전했다. 2012년 7,930억 달러에서 2014년 2조6,460억 달러로 334%성장했다.[18)]

중국이 핀테크 강국이 될 수 있었던 이유로 우선, 중국의 금융시스템이 한몫했다. 우선, 핀테크 도입 당시 중국은 신용카드 보급률이 낮았다. 2010년 이전만해도 무엇을 사던 현금을 잔뜩 들고 가서 거래해야 했고, 중국인들과 밥 먹을 때면 두둑한 지갑을 종종 볼 수 있었다. 반면 면세점이나 고급 음식점 등에서만 신용카드 사용이 가능했고, 편의점과 같은 일반 가게에서는 사용할 수 없어 여간 불편하게 아니었다. 2012년 한국은 신용카드 보급률은 이미 80%를 뛰어넘으며 호주, 일본, 한국, 인도, 인도네시아, 러시아, 남아프리카공화국, 아랍에미리트 연합 중에서 최고수준을 기록했지만,[19)] 비슷한 시기 신용카드 보급률이 10%를 넘지 않았다. 낮은 신용카드 보급률이 현금거래에서 QR코드를 통한 모바일 거래로 단번에 건너뛰었던 배경이 되었다.

모바일 거래가 활발해진 또 다른 이유로 소비자의 구매상품에 대한 신뢰성이 낮은 상태에서 온라인상에서 상품을 받고 지불하는 시스템은 일종의 보험 역할을 꼽기도 했다.[20)]

온라인상 거래뿐만 아니라 대인관계에서 돈거래는 대부분 QR코드를 통해 이루어진다고 해도 과언이 아니다. 중국에 가지 않아도 쉽게 확인할 수 있다. 중국 드라마 '겨우, 서른(三十而已)'에서 여자주인공 중 하나인 중샤오친은 동료에게서 100위안을 빌릴 때 QR코드로 주고 받았다. 극중에서 왕만니란 여자 주인공은 8년 넘게 살던 상하이의 삶을 뒤고 하고 귀향길에 오르기 전, 공원에서 가지고 있던 구두, 옷 등을 팔 때 세상 걱정 근심을 모두 가진 표정으로 QR코드를 보여주었다.

중국의 핀테크는 2019년 3,753억 위안으로 연평균 19%를 넘는 성장률을 보이고 있다.[21)] 정부의 규제가 추후 성장을 가늠하는 중요한 요소가 되겠으나, 한동안은 전세계 핀테크 산업 성장을 이끌 것으로 보인다.

참고문헌

1) the World Bank (2021). Gross domestic savings (% of GDP). Available at: https://data.worldbank.org/indicator/NY.GDS.TOTL.ZS

2) 칼E.월터, 프레이저J.T.하위 (2011). 서정아(번역). 레드캐피탈리즘: 장막 뒤에 숨겨진 중국 금융의 현실. 시그마북스.

3) -----

4) -----

5) 안병국 (2009). 중국은행 체계의 변화. Chindia Journal 9월.

6) Kroeber, A. (2020). *China's Economy: What everyone needs to know* (2nd edition). Oxford University Press.

7) Naughton, B. (2018). *The Chinese Economy: Adaptation and Growth* (2nd edition). the MIT press.

8) Kroeber, A. (2020). *China's Economy: What everyone needs to know* (2nd edition). Oxford University Press.

9) 칼E.월터, 프레이저J.T.하위 (2011). 서정아(번역). 레드캐피탈리즘: 장막 뒤에 숨겨진 중국 금융의 현실. 시그마북스.

10) Naughton, B. (2018). *The Chinese Economy: Adaptation and Growth* (2nd edition). the MIT press.

11) 칼E.월터, 프레이저J.T.하위 (2011). 서정아(번역). 레드캐피탈리즘: 장막 뒤에 숨겨진 중국 금융의 현실. 시그마북스.

12) -----

13) Kroeber, A. (2020). *China's Economy: What everyone needs to know* (2nd edition). Oxford University Press.

14) Klooster, S. (2017). Is China's Debt Level a Ticking Time Bomb?. *FSG Journal. Financial Insights*. December 5.

15) Kroeber, A. (2020). *China's Economy: What everyone needs to know* (2nd edition). Oxford University Press.

16) 칼E.월터, 프레이저J.T.하위 (2011). 서정아(번역). 레드캐피탈리즘: 장막 뒤에 숨겨진 중국 금융의 현실. 시그마북스.

17) -----

18) 파이낸셜뉴스 (2015). 지난해 글로벌 핀테크 시장 120억 달러 규모. 중국 발전

빨라. 8월 20일.

19) 헤럴드경제 (2012). 한국, 신용카드 보급률 80% 亞최고수준. 12월 27일.

20) -----

21) KOTRA (2021). 중국의 핀테크 전망: 중국형 샌드박스를 중심으로. 5월 25일.

제4강

도시화

제4강 도시화

2013년 초였다. 명절을 지내기 위해 도시에 사는 사람들이 오토바이를 타고 귀경한다는 뉴스를 읽었다. 기차표를 사기 힘들고 비싸기도 해 온 가족이 오토바이를 타고 몇 날 며칠 간다고 했다. 이런 오토바이 귀경족은 40만 명에 달할 것으로 추정했다.[1)]

중국의 급속한 도시화, 엄청난 인구 유입을 말할 때면 단지 중국에

2013년 설을 맞이하여 가족이 오토바이를 타고 귀경하는 모습
(출처: 사우스차이나모닝포스트 (2013). *Motobikes best option for migrants on Lunar New Year treck*. 2월 4일)

서만 일어나는 일이라 생각하는 경우가 많다. “중국은 그렇대~.”라고 얘기하기 전에 한국은 어땠는지 나의 경험은 어떤지 나의 윗세대는 어땠는지 생각해볼 필요가 있다.

예전 초등학교 저학년 때 명절 즈음이면 동네 아줌마들이 “몇 시간 걸려 갔어요?”라며 인사했다. 옆집 아줌마가 기억으론 엄청나게 먼 곳에 시댁이 있었는데 27시간이나 걸려 갔다고 해 ‘그게 얼마나 오래라는 거지……’라며 혼자 생각했던 게 기억난다.

강의 자료를 찾다 서울역에서 귀성객들이 기차표를 사기 위해 몇 날 며칠 노숙 신세를 자처하던 사진을 발견했다. 임시천막에 모여 가방을 베개 삼아 누워있는 사람들이 언뜻 봐도 수백 수천 명이었다. 먹을 것도 부족하고, 화장실도 부족하고, 기차표만 기다리는 이들의 모습은 사진만으로 봤을 땐 기차표를 사러 기다리는 설레는 귀경족이 아니라 전쟁 피난민으로 오해하고도 남았다. 옛날 옛적 일도 아니다. 바로 1990년, 지금으로부터 불과 30여 년 전의 일이었다. 딱히 와닿지 않는다면, 변진섭의 “너에게로 또다시”, “희망사항”, 김민우의 “입영열차 안에서”가 한국을 뒤흔들 때로 생각하면 받아들이기 쉬울 것 같다.

중국과 마찬가지로 한국도 엄청난 도시화를 경험했다. 예전에 한국전쟁에 참전하셨던 할아버지께 서울에 대해 여쭈어보면 한강을 중심으로 있던 판자촌부터 시작하시곤 했다.

전쟁 이후 서울토박이도 외지인도 모두 몰려들었던 서울. 서울의 형성과 함께 한국의 도시화는 시작된다. 서울이 1953년 1백만 명을 넘어선 이래 부산은 1955년, 대구는 1969년, 인천은 1979년, 대구는 1988

년에 인구 1백만 명을 넘겼다. 인구의 3/4이 지방에 살았지만, 지금은 인구의 3/4이 대도시에 산다. 한국이 경험했던 급속한 도시화, 중국에서도 중국의 방식으로 한국과 다른 수준에서 진행됐다.

본 장에서는 개혁개방 이후 변화한 중국경제를 도시화란 주제로 설명해 보고자 한다. 엄청난 인구가 한꺼번에 도시로 몰려들면서 생기는 복잡한 사연들을 도시화란 개념부터, 도시민으로서 사는 이야기, 뜨거워지는 주택시장, 그리고 인프라를 바라보는 정부의 시각까지 여러 키워드로 나누어 생각하다 보면 중국경제를 쉽게 이해할 수 있다.

1. 도시화란

우선 도시화란 비도시 거주자가 도시로 이주하면서 도시가 겪는 복잡한 사회경제적 과정을 말한다. 즉, 일자리를 찾아온 이주민이 늘어나면서 비롯된 현상이고, 인구가 많으면 그만큼 사회기반시설, 공공서비스도 발전하기 마련이니 도시화의 수준을 가늠할 때 가장 먼저 도시인구를 기준으로 판단한다.

따지고 들자면 도시인구만으로 판단하기에는 많은 한계가 있다. 문맹률, 영유아 사망률, 기대수명, 인구 1천 명당 병원 침대 수, 환경오염 정도 등등 양질의 도시화를 평가하기엔 다양한 평가요인이 많다. 하지만 국가별로 특징들이 모두 달라서 일괄적인 평가 기준을 만들기란 현실적으로 쉽지가 않다. 따라서 단순하게 인구수만 가지고 대도시를 구분하고 대도시와 중소도시의 수로 국가의 도시화 정도를 판단하고 넘어가는 것이 다반사다.

> 국가별로 모두 달라서 일괄적인 평가기준을 만들기란 쉽지 않다. 따라서 단순하게 인구수만 가지고 도시화 정도를 판단하고 넘어간다.

도시화는 정말 다양하고 복잡한 과정을 거친다. 산업화를 바탕으로 도시가 발전하기 때문에 종종 산업화와 도시화를 헷갈리기도 한다. 도시화와 산업화는 다른 개념으로 적절한 사회기반시설과 공공서비스의 성장보다 인구유입이 훨씬 많을 경우는 과잉도시화(over-urbanization)이라고 한다. 주로 제조업 등 경제성장의 원동력으로 삼고 있는 특정 산업만 급격하게 발달하면서 미처 주택공급, 소방서, 경찰서, 학교, 병원, 전기, 물, 쓰레기처리 등을 갖추지 못했던 개발도상국에서 자주 발생한다. 개혁개방 이전 시대의 중국은 도시에 거주하는 인구도 절대적으로 적었고, 이들을 수용할만한 주택, 병원, 도로 등 기초사회시설이 턱없이 부족해 과소도시화(under-urbanization)에 속한다.[2)]

어쨌든 중국의 도시화 정도를 파악하기 위해 단순하게 인구수로 중국이 얼마나 발전해 왔는지 파악해 보고자 한다. 우선, 급속한 인구유입으로 시작되는 도시화는 개혁개방 이전의 중국에서는 찾아볼 수 없었다. 정부가 인위적으로 사람들이 살 곳을 정해줬기 때문이다. 당시에는 엄격한 호구제도로 직장도 집도 정부가 결정한 대로 따라야 했다. 이동할 수 있는 허가제도가 있다고는 하지만 사실상 유명무실한 제도로 농촌에 사는 사람들은 타지로의 여행도 불가능했다.

정부의 통제 정책과 함께 종종 정부는 도시에 사는 사람들이 대거 농촌으로 이주시키기도 했다. 이러한 이유로 시간이 지날수록 도시에 사는 사람이 늘기 마련인데 중국은 거꾸로 도시에 사는 사람이 줄었다. 도시인구비율이 1964년도에는 18.4%였는데 1978년도에는 17.9%였고, 1978년 상하이의 경우는 1963년에 비해 2백만 명 가까이 빠져나간 것으로 집계됐다.[3)]

2. 개혁개방 이후, 중국의 도시화

중국은 656개 도시가 있고, 세계 100대 도시에 무려 25개 도시가 올라와 있다. 전체 인구 중 13%만 도시에 살던 1950년대 중국을 생각하면 실로 놀라운 발전이다. 10명 중 1.3명만 도시에 살았던 중국은 2010년에는 10명 중 4.5명이 살았고, 계속 증가하여 2030년에는 10명 중 6명이 도시에 살 거라 예측한다.[4)] 도시인구증가율은 경제성장률만큼이나 빨랐다. 1978년부터 1987년까지, 또 1996년부터 2000년까지 연 5% 이상 성장했다. 한국은 그동안 2천6백만 명이 도시로 유입이 되었다고 하는데 이는 중국이 2년 반 동안에 이동하는 규모와 맞먹는다.[5)]

숫자로 중국의 도시화를 좀 더 짚고 넘어가 본다. 중국은 2014년까지 2억5천3백만 명, 약 한국 전체 인구(5천5백만 명)보다 4.6배 많은 인구가 시골에서 도시로 이동했고 그중 상당수는 약 6,400만 명, 즉 한국 인구보다 조금 더 많은 인구가 광둥성, 상하이, 장쑤성, 저장성으로 이동했다. 이 지역들은 모두 수출을 위한 제조업을 발전시켰던 새혁개방의 대표적인 도시들이다. 중국의 모든 대도시가 모두 지방에서 올라온 인구를 적극적으로 받아들인 것은 아니다. 2005년 충칭의 경우 유동인구가 94% 가까이 차지하지만, 션쩐은 이와 구성이 조금 다르다. 태생이 션쩐인 사람들이 78%나 차지했다. 북경과 상하이는 중국의 대표도시라는 상징적인 이유로 인구 유입을 엄격하게 통제한 편이었다.

중국에서 도시라 함은 시티(city)와 타운(town)을 일컫는다. 타운이 커서 시티가 되었다고 보면 이해하기 쉽다. 타운은 한국에서 지방 소도시의 읍 혹은 시내 정도라 생각하면 적합할 것 같다. 1978년도부터 인구 유입의 패턴을 보면, 1992년까지 타운으로의 인구 유입이 눈에 띄게 증가한다. 1992년 타운의 인구는 전체 도시인구의 47%까지 차지했다. 이후 이들은 타운보다 큰 시티로 유입이 된다.

도시화율만 놓고 보자면 중국이 그다지 높은 편은 아니다. 중국의 경제성장을 비교했을 때 보통 1970년대 한국과 비교를 하는데 1970년대 한국의 도시화 비율이 중국보다 높았다. 단순히 성장률만 놓고 한국과 비교했을 때에는 한국의 도시인구증가율이 훨씬 높다. 여기서 '한국이 더 높구나~.'라고 생각만 하면 안 된다.

당시 농촌에 살던 중국인의 입장에서 생각해 보자. 정부에서 개간하라고 땅을 주었다. 농촌의 삶은 고됐고 벌이도 시원치 않았다. 불만족스러운 삶을 살던 찰나 도시로 떠난 어릴 적부터 같이 자란 옆집 친구가 갑자기 연락을 했다. 도시의 삶은 팍팍하다고 한다. 그런데 전화로 들려오는 친구의 목소리는 그다지 팍팍하게 들리지 않는다.

높은 건물, 번쩍이는 네온사인, 신식 부엌, 농촌보다 세련된 패션을 줄줄 늘어놓는다. 왜지 이 친구의 삶이 갑사기 세련되게 느껴진다. 무엇보다도 임금이 올랐다고 했다. 조금 더 모아 시골에 계신 부모님께 집을 지어드릴 거라고 했다. 조용히 듣고만 있던 당신의 눈은 점점 커진다. 그리고 주변을 둘러본다. 주변엔 낡은 농기구와 촌스러운 옷 몇 개가 전부다. 텔레비전을 켰다. 텔레비전에선 연예인들이 화려하게 치장을 하고 그들의 매력을 뽐내고 있다. 도시로 가면 저런 삶을 살 수 있을까?

10대 말 혹은 20대 초인 젊은 당신이 이 연락을 받고 무슨 생각을 했을까? 농촌에서는 인력이 남아돌았다. 노는 친구들이 한 집 건너 있었다. 남는 젊은 인력들은 틈만 나면 도시로 떠날 채비를 했을 것이다.

그런데 중국의 인구이동 비율로 본다면 놀라우리만치 차분하다. 1990년대 초에는 매년 평균 2백만 명이 도시로 유입되었고, 1990년대 말에는 4백만 명이 조금 넘게, 2000년대 초반에는 7백만 명, 2000년대 말에는 1천1백만 명이 유입되었다.[6] 중국의 인구를 고려한다면, 엄청난 수지만 모두가 번호를 받아 순서를 기다리듯 이렇게 질서정연하게 유입되었다는 것에 놀라지 않을 수 없다.

중국은 도시에서 직장을 얻고자 갈망하는 이들을 어떻게 효율적으로 통제할 수 있었을까? 바로 호구(户口, Hukou)제 덕분이었다. 그럼 이 호구제와 함께 도시로 이주한 노동자의 삶은 어땠는지 알아보도록 한다.

3. 도시화와 이주노동자

서두에서 말한 오토바이 귀경족도 원래 출신은 지방 소도시 혹은 농촌이었을 것이다. 시골에서 도시로 온 인구를 유동인구(流动人口, floating urban population)로 부른다. 한국에서는 지방에서 올라온 이들과 원래 도시에서 살던 이들 간 사회적 차별은 없다. 딱히 나라에서 나오는 혜택이 별반 다를 게 없다 보니 굳이 출신을 구별하는 자체가 의미 없는 반면, 중국에서 이들을 따로 유동인구라 구분 짓는다.

이들은 왜 도시로 왔을까? 그것부터 생각해봐야 중국의 도시화는 이들에게 어떠한 삶을 주었고 이후에 중국의 주택시장에서 이익을 본 사람들은 대부분 누구인지 알 수 있다.

시골을 떠나 도시에 온 사람들은 주로 10대 후반에서 20대가 가장 많았다. 한국에서 한창 경공업을 육성하던 시기 대구는 경공업의 중심지였다. 시골 농사를 짓는 평범한 집에는 아들이 있었고, 딸들은 집안의 가장으로서 남동생의 성공을 위해 공장으로 떠났다. 매달 번 돈은 대부분 집으로 보냈고 그렇게 우리의 어머니들은 혹은 할머니들은 젊음을 희생했다.

시골을 떠나 도시로 간 사람들 중국인들도 한국과 별반 다를 게 없었다. 농촌에서 풍족하게 살았더라면 가족을 떠나 홀로 굳이 고생길이 열린 도시의 삶을 선택했을 리가 없다.

그럼 교육은 제대로 받았을까? 농촌의 교육은 2000년내나 돼서야 정부의 노력으로 눈에 띄게 개선되기 시작했다. 집에 돈도 없고, 벌이도 시원치 않고, 고등교육을 받아 번듯한 직장을 잡지 못했던 사람들이다. 여자들은 공장에서 일을 했고 남자들은 건설현장에서 일했다. 이들이 일하는 곳은 고도의 기술이 필요로 하지 않았다. 며칠 열심히 배우면 얼마든지 따라잡을 만한 수준이었다. 반대로 말하자면, 고용주는 언제든지 대체인력을 쉽게 구할 수 있었다.

이들의 임금은 어떠했을까? 수많은 경쟁자가 주변에 널린 것도 모자라 또 물밀 듯이 들어오고 있기 때문에 부당한 임금과 처우에 대해 개선해달라고 당당히 요구할만한 노동환경이 조성되었을 리 만무하다. 실제 이들은 배생이 노시인의 임금 60%밖에 안 되는 임금을 받았다. 화이트칼라보다는 블루칼라 업종에서 주로 일했다는 점에서 임금의 격차가 당연해 보일 수도 있다. 하지만 풍부한 노동력에 고용주는 값싼 임금을 유지할 수 있었던 이유이기도 하다.

이들은 가족을 두고 왜 혼자 도시로 왔을까? 한국도 젊은 여성들이 공장 일을 할 때 대부분 혼자 가긴 했지만, 한국과는 다소 이유가 다르다. 현실적으로 없는 형편에 도시로 오는 마당에 도시에서 가정을 꾸리고 살아갈 집을 구하기 어려웠다.

하지만 실제 이들이 만난 장애물은 중국 정부의 정책이었다. 혼자 도시로 넘어와 일하는 것은 허용했지만 부양가족을 데려오는 것은 엄격히 금지했다. 데려오더라도 어떠한 도시의 혜택을 누리기 어려웠다.

> 혼자 도시로 넘어와 일하는 것은 허용했지만 부양가족을 데려오는 것은 엄격히 금지했다. 수억 명의 유동인구들은 그들의 인생에서 가장 심각한 결정을 해야 했다.

지금와서야 쉽게 말하지만 이들의 결정은 쉽지 않았다. 젖먹이 어린아이를 떼놓고 몸이 불편한 부모님을 떠나 홀로 낯선 땅에서 적응해야 했으니 절대 쉽지 않은 결정이었다. 잘 때마다 내일은 늦게 출근했으면 좋겠다고 말하는 아이를 두고 아침 일찍 출근할 때면, '일어나서 엄마를 찾을 텐데' 하는 생각에 발길이 안 떨어질 때가 많다. 매일 보는 엄마의 마음도 이런데 아이들을 두고 머나먼 타지로 떠나야 하는 젊은 중국인들의 마음은 어떠했을까? 수억 명의 유동인구들은 똑같이 그들의 인생에서 가장 심각한 결정을 해야 했을 것이다.

정부도 할 말이 많다. 인구는 많고 모두가 도시에서 살고 싶어 한다. 그런데 사람만 넘어온다고 되는 문제가 아니다. 왜 도시에서 살고 싶어 할까? 보통 도시라고 하면 사람들은 화려한 불빛으로 가득한 마천루 세련된 삶을 생각하곤 한다. 아무것도 없는 시골과는 다르게 도시엔 세련된 시설들이 도시를 아름답게 꾸민다. 이처럼 도시와 시골의 차이점은 잘 정비된 사회기반시설에서 비롯된다.

병원, 학교, 경찰서, 소방서, 가스, 도로, 전기, 물 등등. 이러한 사회 기반시설을 구축하는 데에는 엄청난 돈과 함께 시간이 필요로 하지만 가족동반 무제한으로 도시로의 유입을 허용한다면 인구증가율은 도시건설 속도보다 빠를 것이 불 보듯 뻔했다. 엄격한 통제를 유지하지 않으면 도시는 급격하게 넘쳐나는 사람들에 금방이라도 도시 질서가 붕괴될 수밖에 없는 처지라는 의미다.

많은 제약에도 사람들은 계속 도시로 유입이 되었다. 인구유입에 베이징과 상하이가 제일 까다롭고 엄격했지만 유동인구 유입으로 인한 인구 증가는 이 두 도시 역시 피할 수 없었다. 태생이 도시인 운이 좋은 도시민과 다른 세계의 삶을 살아야 했지만, 이들은 그런대로 만족했다. 비록 번듯한 직장을 가진 태생이 도시민인 사람들과 월급이 40%나 차이가 난다고 하더라도, 농촌에서 번 임금보다 3배 이상 많았기 때문이다.[7] 도시화 초기, 도시임금은 농촌과 크게 차이나지 않았다. 그런데 그 격차는 점차 벌어졌다. 오지 않자니 도시 사람들이 점점 잘사니 나만 뒤처지는 것 같고 배 아파 도시로 가지 않을 수가 없다.

뒤에서 말하겠지만 2000년대 들어서 중국 도시의 주택가격은 2배, 3배, 5배씩 치솟았다. 반면 이들이 받는 임금은 도시민의 절반이 조금 넘는 수준이었지만 없는 돈을 모아 집을 산다는 건 꿈에서도 꾸지 못할 일이었다.

2020년 기준으로 도시임금이 한화기준 연 1천만 원인데 유동인구가 받는 임금은 60%인 연 600만 원이라고 해 보자. 2020년 상하이 중심가 아파트 25평 기준으로 환산했을 때 약 18억 원이다. 이들은

"안먹고", "안사고", "안자고", 무려 300년을 모아야 한다. 이번 생애에선 열심히 일하고 모아선 절대로 살 수 없는 금액이다. 실제 이 유동인구의 1.3%만이 집을 보유하고 있다고 한다. 호구를 가진 태생이 도시인 이의 85%가 집을 소유하고 있다는 점을 비교하면 어마어마한 격차다.

세월 앞에 이길 장사는 없다고 했다. 도시화 초창기 16~20세였던 이 유동인구는 40대가 되고 50대가 되었다. 40~50대가 되어도 도시에서 혼자 살았을까? 홀로 온 이들의 상당수는 도시에서 만난 이들과 가족을 꾸리며 살았다. 혼자 왔지만, 시간이 흘러 가족이 생겼으며 유동인구의 가족구조는 상당히 복잡해졌다. 혼자 도시에 오도록 허락한 정부 입장에선 유입 초기 당시엔 이들이 결혼하고 자녀를 낳으리라는 건 상상도 못 했을 뜻밖에 변수였다.

결혼도 출산도 사회에 해가 되는 일도 아니었다. 하지만 확장되는 가족 구성원에 맞추어 정부가 적절하게 사회적 혜택을 제공하지 못했다는 생긴다는 점이 문제였다. 유동인구는 도시에서 어떠한 혜택도 받지 못했다. 의료는 물론 교육도 이들에게는 제외되었다. 이들의 자녀도 마찬가지였다. 도시에서 태어난 아이들은 도시에서 부모와 함께 살며 학교를 다닐 수 없었다. 도시에서 아무런 기초교육조차 받지 못하고 자라던지 교육을 받기 위해 부모와 떨어져 시골로 보내져야 했다. 아이들은 대부분 시골에 계신 조부모님의 손에서 자라야 했고, 이로 인해 세대갈등은 심해졌다.

한국에서도 할머니 인프라라고 해서 조부모님에게 아이를 맡기고

일을 나가는 부모들이 많다. 아이를 양육하는 태도와 방식은 할머니 세대와 지금의 세대는 상당히 크다. 하지만 적어도 한국에서 할머니와 아이는 엄마와 같은 집이나 인근 지역에서 비슷한 문화와 삶을 공유하며 살기 때문에 차이가 크다고 해도 다 거기서 거기다.

중국은 한국과 다르게 접근해야 한다. 2000년대 중반 베이징에서 한 시간 떨어진 외곽으로 가서 봉사하러 갔을 때였다. 동네 주민들은 가스레인지가 아닌 부뚜막에서 요리했고, 화장실은 마을에 하나 있는 공동화장실을 사용했다. 15년이 지난 상황은 많이 개선되었겠으나 급변하는 시대에 지역 간 격차는 물론 세대 간 격차는 여전히 크다. 도시에서 태어난 아이들은 정부정책 때문에 시골에서 조부모님과 살아야 한다. 삶의 방식도 철저히 다른 두 세대가 같이 사는 데 얼마나 어려움이 많을지 상상할 수 있다.

도시화가 시작돼도 30여 년이 지난 2011년 정부는 이러한 문제의 심각성을 인식하고 호구 제도를 완화하면서 이 아이들에게 교육의 기회를 부여하기 시작했다. 하지만 초등교육에 한해서다. 중등교육을 받으려면 다시 시골로 가야 했다. 도시에서 태어난 아이들은 초등교육만 받고 낮은 임금의 일을 하던지, 부모님과 떨어져 시골에서 마저 공부해야 했다. 이들은 어떠한 선택을 했을까? 중국에서 교육 정도는 성별의 격차는 거의 없다. 하지만 도농간, 그리고 지역별로, 부별로 격차는 선진국 개발도상국 다 비교해 보아도 월등히 높은 것도 다 이러한 이유에서 비롯된다.[8)]

4. 중국의 주택시장

뜨거워지는 주택시장을 논하기에 앞서 지극히 개인적인 경험부터 늘어놓아 본다. 2000년대 중·후반 때 이야기다. 나에게 중국에서 손님이 왔는데 사나흘 서울 구경을 할 수 있도록 가이드 역할을 해달라는 미션이 떨어졌다. 중국에서 온 손님은 중국 교포였다. 신발까지 샤땡, 루땡, 프땡 등등 값비싼 명품으로 치장한 이 중국 손님은 자신은 중국에서 돈을 벌었고 현재 자산가라고 소개했다. 그의 엄청난 씀씀이에 며칠 동행하면서 정말 부자라는 점을 실감했다.

그다지 나이가 많아 보이지 않는 그는 사회 초년생 시절, 운이 좋게 집을 샀다고 한다. 고급스러운 인테리어로 꾸민 집은 두 배, 세 배에 팔았고, 그 돈으로 다시 두세 채 집을 사 인테리어 공사 후 비싼 값이 팔기를 반복했다고 한다. 당시 그는 7채의 리모델링을 한 집과 함께 현금 부자라고 했다.

그가 돌아가고 몇 달 뒤, 그는 다른 중국인 세 명을 데리고 왔다. 그들이 준 명함에는 부동산 투자기업이라고 적혀있었다. 나는 또다시 서울 구경을 시켜주었다. 그들은 명동에 가자고 했다. 그들은 한국화장품을 파는 로드샵 서너 군데에 들러 가게마다 200만 원씩 화장품을 샀다. 건너편 면세점에 가서 유명화장품을 100만 원어치 사고, 세 명 중 젊은 한 여자는 아동용품매장에 들러 얼마 전 태어난 자신의 아이를 위해 또 150만 원어치 옷을 샀다. 비싼 화장품은 본인들이 쓸 거고 나머지는 비싼 가격에 되팔 거라고 했다. 당시엔 직구가 흔하지 않았으니 세 배 가격을 불러도 금방 팔릴 때였다. 그 중국 교포는 나에게 자랑스럽게 말했다. "봤지? 이게 중국대륙의 스케일이야."

나는 그들에게 한국에 왜 온 거냐고 물어봤다. 나와 서울 구경을 며칠하고, 제주도로 갈 거라고 했다. 제주도 땅을 보러 왔다고 한다. 이들은 중국 곳곳에서 아파트를 지어 파는 부동산 개발업자들이었다. 워낙에 수요가 많아 아파트를 짓는 족족 팔린다고 했다. 현재 자신들이 개발 중인 도지의 면적이 한국만 한다고 했다. 중국인들이 캐나다와 한국 이민에 관심이 많아 제주도 땅을 대규모로 매입해 개발할 생각이라고 했다.

당시엔 중국인들 과장이 좀 심하다고만 생각했다. 지금 생각해 보니 이들은 중국의 주택시장 붐에 편승해 엄청난 돈을 벌었던 인물들이었다. 1990년대 말 주택시장이 개방되면서, 주택시장이 급격하게 성장해왔다. 이들은 아마 급격하게 뛰기 시작한 그즈음 부동산 개발에 뛰어든 것으로 보인다.

요즘 한국에서 급등하는 주택가격에 몸살을 앓고 있지만, 증가율만 따지고 본다면 중국에 비교할 만큼은 아니었다. 중국의 주택시장은 그야말로 뜨거웠다.

> 2억 원에 산 도시의 아파트, 4년 뒤 5억 원이 되었고, 7년 뒤, 6억5천만 원이 되었다.

얼마나 뜨거운지 예를 들어보자. 중국 어느 도시에 사는 왕씨는 결혼하면서 2004년 아파트를 한 채를 한화기준 2억 원에 샀다고 가정해본다. 물론 왕씨 부부는 도시에서 태어난 모태 도시인으로 집은 중국 전통에 따라 남편 부모님 찬스로 샀다. 애를 낳고 바쁜 육아에 시달리다 보니 어느새 2008년이 되었다. 왕씨는 3살 난 아들을 안고 집을 나서다 옆집에 새로 이사 온 이웃을 만난다. 그는 옆집에 5억 원에 사서 이사를 왔다고 했다. 이후 다시 3년이 지난 2011년. 왕씨의 아이는 6살이 되었다. 그리고 집은 6억5천만 원이 되었다. 자고 일어났을 뿐인데 4억5천만 원을 번 셈이다.

임의로 계산한 수치가 아니다. 실제 2004년 4분기 기준으로 집값이 100라고 했을 때, 2007~8년에는 250을 넘었고, 2010~11년에는 350을 넘었다.[9] 가정이 아닌 현실이다. 서울에 5억 원이던 집값이 7년 뒤 18억 원이 된 것과 같다.

남들이 모두 한 발짝 가는데 나 혼자 가만히 있으면 뒤처져있는 꼴이다. 모두가 주택으로 돈을 벌고 있는데 혼자 버티고 있을 집이 몇이나 될지 생각해 보자. 모두가 주택시장에 뛰어들었고 상당한 중국의 도시민은 이를 통해 부를 쟁취했다.

얼마나 뜨거웠는지 숫자가 말해준다. 중국에서 주택시장을 통해 벌어들인 돈은 2003년 중국 GDP의 1/3에 맞먹을 정도였다. 인플레이션을 능가하는 수익률을 거둘 수 있는 자산은 중국에서 주식과 부동산뿐이었고,[10] 그중에서도 부동산은 하루가 다르게 치솟는 가격이 도시민들이 관심을 올리고도 남았다. 더욱이 주식보다 안전하고 쉽게 접근이 가능해 보이기까지 했기 때문에 도시민들이 가장 쉽게 부를 창출할 수 있는 유용하고 효과적인 수단되었다.

중국 대부분 도시에서 가구당 평균가처분소득의 증가율보다 주택가격 상승률이 더 높았는데 대강 임금상승 대비 주택가격상승이 더 크다는 말이다. 월급이 10%가 올랐다. 그런데 주택가격은 20~30%가 올랐다면, 무주택자들은 그만큼 집사기 어려워진 것이니 임금이 쥐꼬리만큼 상승했다고 쾌재를 부를 순 없을 것이다. 베이징, 광저우, 선쩐, 상하이가 이런 도시에 해당한다.

한국인들에게 친숙한 상하이를 예를 들어보자. 2020년 기준 상하이 중심, 집값은 1㎡당 11만 8천 위안, 약 3천3백만 원 정도다. 84㎡(약 25평)로 환산하면 9.9백만 위안, 한화로 약 18억 원이다. 물론 2020년 기준으로 2021년엔 더 뛰었다. 중국에서 민간기관 혹은 기업에서 일하는 사람들의 평균연봉은 2020년 기준으로 약 1천만 원이다. 상하이 중심에 집을 사려면 안 먹고 안 입고 180년을 모아야 겨우 살 수 있다.

동부에 사는 공공기관 근로자는 임금노동자 중에서도 가장 많이 받는 편으로 연평균 약 2천만 원이 조금 안 된다. 역시 이들도 안 먹고 안 입어 90년 이상 저축해야 집을 살 수 있다. 물론, 집값이 오르지 않는다는 전제하에 가능하다.

2020년 통계청이 발표한 자료에 따르면 한국의 경우, 4인 가족을 기준으로 도시근로자 가구당 월평균 소득(50% 수준)은 310만 원이 조금 넘는다. 1년 동안 3천736만 원 정도인데, 당연히 중국의 임금이 한국에 비해 훨씬 적다. 이들이 체감하는 집값은 한국이 체감하는 정도보다 더 심각하게 다가올 것이다.

사실 1990년대 말 직장이나 정부로부터 아파트를 산 도시민들은 상당수 부동산 부자가 되어 있다. 부자까지는 아니더라도 중국 도시에서 번듯한 집을 몇 채 가지고 있는 중산층이 되었다.

이들이 처음부터 돈을 가지고 있던 것은 아니다. 중국의 여느 농촌 사람들처럼 돈이 없기는 매한가지였다. 하지만 중국 정부나 기업들은 자신들이 가지고 있는 주택을 직원들에게 싼값에 넘겼다. 전액 지불할 수 없어도 일부만 있으면 나머지는 무담보에 무이자로 선뜻 빌려주었다. 심지어 지금 보니 집값도 엄청나게 쌌다. 은행에서 가계대출이 어려웠던 점을 생각하면 기업의 이러한 파격적인 선심을 미다힐 사람은 없었을 것이다.

그럼 중국기업의 입장에서 생각해 볼 필요가 있다. 주택시장이 전면 민영화되던 당시 만성적자에 시달리는 이른바 "좀비" 국유기업들은 정부의 압박으로 폐쇄되거나 합병해야 했다.[11] 효율성을 증대시키기 위해 과감한 구조조정도 감내해야 했다. 7장에서 자세히 설명하겠지만 중국 정부는 국가안보에 상당히 중요한 핵심기간산업을 제외하고 일반 소비자를 대상으로 영업하는 산업군(B2C)들, 예를 들어 음료, 호텔, 레스토랑과 같은 산업은 적극적으로 합병하거나 민영화를 추진했다. 이에 해당하는 상당수 적자는 가지고 있는 자산을 매각하면서 충당했다. 이 시기 중국기업은 군이 헐값에 주택을 직원들에게 넘겼을까? 다소 황당하게 들릴 수 있지만, 처음부터 매각가격이 싼지 몰랐을지도 모른다.[12]

억지스러울 수도 있겠으나, 중국의 부동산 역사를 살펴보면 충분히 그럴 만도 하다. 한국이야 오래전부터 부동산시장이 존재했다. 오래전부터 수많은 거래를 통해 시장에서 용인할만한 가격이 형성되어 왔다. 하지만 중국은 1990년대 말 이전까지만 해도 그러한 부동산시장 자체가 존재하지 않았다. 그러다 갑자기 전면 개방되었다. 팔아봐야 어느 정도가 소위 적정시세인지 얼마나 호가를 부를 수 있을지 알텐데 건국 이래 부동산 거래라곤 해본 적이 없다. 내 회사에도 옆 동네 회사도 팔아본 적이 없으니 그 누가 조언해줄 사람도 없었다. 구조조정 바람에 자산을 허겁지겁 팔고 지금에 와서 보니 턱없이 싼 가격이었다는 말이다.

어찌 되었건 1990년대 말 아파트를 소유하게 된 운이 좋은 도시민들은 엄청나게 싼 가격에서 출발한 아파트 가격이 천장을 뚫을 기세로 상승하게 된다. 도시 중심에 샀던 아파트를 팔아 도시 중심에서 조금 떨어진 곳에 아파트를 두 채를 사고도 남을 돈이 생긴다. 아파트를 두 채를 사고 몇 년 뒤 엄청난 도시의 확장으로 변두리의 그 집 두 채는 또다시 가격이 폭등하길 반복한다.

> 농민은 기껏해야 소유권도 아니고 사용권을 받아 팔수도 대출을 받을 수도 없었다. 하지만 도시에서 태어난 이들은 아파트를 살림밑천으로 이미 가지고 있었다.

임금만으로는 180년을 기다려야 살 수 있는 집이지만 태생부터 중국 도시에 살았던 사람들은 어렵지 않게 집을 한 채도 아닌 여러 채를 소유할 수 있었다.

중국 농민은 기껏해야 토지소유권도 아닌 50년 사용권을 받아 팔수도, 토지를 이용해 대출을 받을 수도 없었다. 농업을 포기하면 바로 토지는 회수되었다. 적은 임금으로 농촌의 삶을 50년간 지속하던지 한 푼 없이 도시로 이동해 저임금 노동자로 삶을 살아야 했다. 하지만 도시에서 태어난 이유만으로 아파트를 살림 밑천을 이미 가지고 있다니 중국 농민 처지에서 보면 억울할 법도 하다.

이렇게 치솟는 중국의 주택가격은 계속 지속돼도 괜찮을까? 물론 중국 경제에 여러모로 부담되는 요인이다. 1980년대 말 일본의 GDP 대비 주택 가치는 4.0에 달했다. 주택거품이 터진 이후 일본은 잃어버린 10년을 지나 지금도 장기 불황 중이다. 2008년 미국발 금융위기 당시 미국의 GDP 대비 주택 가치는 3.0이 되지 않았다.[13)]

그럼 중국은 얼마나 될까? 2011년 GDP 대비 주택 가치는 3.5를 넘었다. 이후로도 중국의 주택가격은 급상승했으니, GDP대비 주택 가치는 3.5를 훨씬 뛰어넘었을 것이다. 단순히 이 비율로만 보자면, 중국은 2008년 미국의 주택시장보다 훨씬 심각해 보인다. 수치상으로 보았을 땐 당장 내일 중국 전국의 부동산이 폭락해도 전혀 이상해 보이지 않을 듯하다. 중국의 부동산시장을 걱정하기엔 섣부른 감이 있다. 중국의 부동산은 매수자가 어떻게 자금을 형성했는지부터 알아보고 나서 판단해도 늦지 않는다.

2008년 금융위기를 불러온 미국은 주택가격의 아주 일부만 가지고 있어도 대부분을 금융기관으로 쉽게 대출할 수 있었다. 비슷한 잣대로 중국을 예상하면 오산이다. 중국은 주택가격의 상당 부분을 일아서 충당해야 하기 때문이다. 미국은 계약금으로 5%만 있어도 나머지는 대출로 충당할 수 있었기 때문에 계약할 수 있었다. 하지만 중국은 주택가격의 20~30%가 있어야 계약이 가능하다.[14)] 은행대출 비중이 그만큼 줄어든다는 의미다.

그간 부동산으로 벌어둔 돈이 있기 때문에 상승하더라도 그만큼 충당할만한 여력이 있었다. 대부분의 대출형태 또한 다르다. 미국은 모기지론에서 파생한 금융상품으로부터 위기를 맞았으니 미국만큼 그림자금융이 발달하지 않은 중국은 확실히 미국과는 다르게 접근해야 한다.

사실 이미 중국은 1990년대 초 경제특구였던 하이난에서 부동산 거품 붕괴를 경험했다. 경제특구 지정 이후, 갑자기 2만 개 부동산회사가 설립되었는데 인구 80명당 1개꼴로 부동산회사를 설립할 정도로 광풍이었다. 대부분 우후죽순으로 설립된 신탁회사를 통해 대출을 받아 경쟁적으로 건물을 짓는데 열중이었다. 집값은 3년만에 두 배로 뛰었다. 하지만 거품은 오래가지 않았다. 정부에서 부동산 부문을 통제하는 조치를 내놓기 시작하자마자 600여개 미완성 건물과 300억 위안(40억 달러)에대하는 부실채권이 발생했다. 2010년 이후 중국의 부동산 패턴은 1990년대 초 하이난과 비슷한 모양새라 불안감을 감출 수 없다.[15] 위험수위야 높지만 그래도 지금까지는 안정적이었다.

지금까지 중국은 상승률도 높고 꾸준히 오랜 기간 상승했지만 그만큼 수요도 많았다. 끊임없이 빠른 속도로 도시가 확장함에 따라 가격이 올라도 살 사람들이 기다리고 있었다. 부동산시장이 성장하는 20년간 중국은 끊임없이 대규모 아파트를 지었다. 전 세계 철강 소비 중 절반 이상이 중국의 건설시장과 인프라건설을 위해 필요했기 때문일 만큼 중국의 건설시장은 그야말로 붐 중의 붐이었다. 중국의 부동산 가격과 철강 가격의 변동은 상당히 유사한 패턴을 보일 정도다.

부동산 전문 투자회사는 우후죽순으로 생겨났고 대도시는 물론 중소도시에서도 아파트는 하루에도 수만 채 지어졌다. 대도시에서 건설되던 아파트들은 이제는 중국 전역에 있는 중소도시를 중심으로 건설되고 있다. 대체 언제까지 지을 수 있을까? 중국인구가 많다지만 입주할 사람 수는 정해져 있다. 아파트 건설 속도는 인구증가율보다 한참 빠르다. 그래서 위험하다.

2015년 한 자녀 정책이 전면 폐지되었다. 한 명만 낳을 수 있던 시기 호적에 등록하지 못한 아이들이 많았다. 한 자녀 정책이 폐지되고 호적에 없던 2000년대생의 아이들이 대거 한꺼번에 등록이 되는 웃지 못할 광경이 벌어지기도 했다. 중국은 한 번 더 개정을 해 중국인들은 지금 세 명도 낳을 수 있다.

외국인에게 충격으로 다가왔던 산아 제한정책 포기선언은 정작 젊은 중국인에게는 뜨뜻미지근하게 다가왔다. 그런데 젊은 중국인들은 얼마나 아이를 낳고 싶어 할까? 수업하다 갑자기 궁금해졌다. 한 자녀 정책이 폐지되었는데, 졸업하고 앞으로 결혼을 해서 자녀를 몇 명이나 낳고 싶은지 물어보았다. 그런데 애를 낳기는커녕 결혼할 생각조차 없다고 했다. 남녀 불문하고 혹여나 결혼을 하더라도 애는 낳을 생각은 더더욱 없다고 했다. 그리고 이들은 중소도시보단 대도시를 선호했다. 중소도시에 지어지고 있는 아파트에는 그럼 누가 가서 살게 될까?

한국의 저조한 출산율만큼 중국도 심각한 인구감소의 위기를 맞이하고 있다. 즉, 이미 중국의 도시화율이 60.6%(10명당 6명이 도시에 산다는 의미)를 넘긴 현재,[16] 금융위기로 인한 부동산거품 붕괴가 아닌 인구감소로 인한 부동산거품 붕괴가 더 빨리 나타날 수도 있다. 이전까지는 아파트를 살 사람을 찾는 게 빨랐지만, 앞으로는 빈 아파트를 찾는 것이 더 빠를 것이다.

중국 인구

중국 건국 시기 즈음엔 식구가 재산이었다. 넘쳐나는 노동인구에 노동집약적산업을 통해 중국이 지금의 성공을 이뤄낼 수 있었다고 말하지만, 이젠 이것도 옛말이다. 2021년 기준 중국 인구는 공식적으로 14억4,847만 명이다. 지방정부가 관내 인구를 늘려 보고한다는 얘기도 있고, 출산율을 과도하게 추정한다는 얘기도 있어 공식적인 숫자를 절대적으로 신뢰하기는 어렵다.

중국 유학 시절, 중국인 친구에게 "사촌 동생(堂弟)"을 얘기를 했는데 그 친구는 나에게 "사촌 동생"이 누굴 말하는 거냐고 되물어본 적이 있다. 순간 내 발음 때문에 잘못 알아들었나 했는데 발음 문제가 아니라 가족한테서 사촌동생이란 단어를 들어본 적이 없어서였다. 부모님도 외동아들, 외동딸이었고, 자신도 외동딸이라고 했다.

중국 자료에 의하면, 2013년 1,346만9,000 쌍이 결혼했다고 한다. 그런데 2020년 814만3,300쌍이 결혼했다. 인구는 늘었지만 정작 결혼은 절반 가까이 감소한 셈이다. 월 평균 67만8,608쌍이 결혼하는지라 워낙에 인구가 많은 탓에 800만이 넘는 결혼건수가 많아 보이지만, 인구 1천 명당 결혼 건수가 5.8%에 불과하다.[17] 한국에서도 젊은이들이 결혼을 안하는(안하는건지 못하는건지 아니면 둘다인지) 이유가 상당히 비슷할 듯 싶다. 중국의 빠링허우, 지우링허우 세대(한국의 MZ세대로, 80년대, 90년대 태어난 이들을 지칭한다)들이 어려서는 교육열, 자라서는 구직난, 치솟는 집값 등을 경험했다. 결혼에 쓰이는 엄청난 비용과 치솟는 집값, 더 심해진 교육열, 빈부격차 등을 고민해야 하는 이들에게 결혼은 예전처럼 당연히 거쳐야 할 인생의 과제가 아니다.

감소한 결혼 건수보다 더 큰 문제가 있다. 옛날 사고방식이야 결혼은 곧 출산이라고 생각했지만 요즘 젊은이들은 결혼과 출산을 별개로 생각한다. 중국 젊은 친구들도 마찬가지다. 더욱이 출산과 관련한 질문은 한국 젊은 세대보다 중국 젊은 세대에게 더 예민한 문제이다. 2015년 한 자녀 정책 폐지한 이래 2명, 이제는 3명도 낳아도 된다고 한다. 그런데 요즘엔 낳으라고 해도 안 낳는다. 중국에서는 출산율이 여성 1인당 1.3명이라지만 이마저도 과도하게 잡은 출산율이라는 지적이 있다. 결혼조차 힘든 세대에게 더욱이 형제자매에 대한 경험이 없는 이들에게 두 명 이상의 자녀계획을 세우는 것은 굉장한 용기가 있지 않고서야 어렵다. 따라서 전 세계 1위 인구라는 타이들을 곧 인도에게 내어줄 전망도 전혀 이상하게 받아들여지지 않는 이유도 중국의 암울한 미래 때문이다.

2021년 4월, 10년에 한 번씩 실시하는 전국 인구조사(제7차 센서스)는 발표 직전 돌연 연기됐다. 외신은 이에 14억 명이 안되는 결과 때문이라고 연기 이유를 추측했다. 2021년 공식적으로 14억5천만 명 가까이 되지만 실제 14억 명이 되지 않는다면, 5천만 명이 사라졌다고 할 수 있다. 2021년 중국은 한국인구만큼 통째로 사라졌던 1958~1962년의 대기근 이후 처음으로 인구감소라는 국면을 맞이하고 있다. 코로나로 인한 인구감소인지, 지방정부의 인구조작으로인지는 알 수 없으나 풍부한 노동력을 자랑하던 중국이 인구절벽을 당장 눈앞에 맞이하고 있는 것은 분명하다.

5. 도시화와 인프라

일단 대규모 투자 유치, 신생기업 증가 등의 내외부적 요인이 발생하면 도시에 일자리가 증가한다. 사람이 물밀 듯이 들어오기 마련이다. 여기서 끝나지 않는다. 도시는 이들을 수용할만한 도시기반시설을 갖추어야 한다. 앞서 언급했듯이 아파트만 짓는다고 해결될 일은 아니다.

도시계획은 정말 어려운 일이다. 오토바이, 버스, 택시, 자가용까지, 도로에 사람뿐만 아니라 이동수단도 폭증한다. 그럼 도로도 더 깔아야 한다. 도로는 더 길고 넓게 깔아야 한다. 전기수요도 늘어난다. 근처에 발전소도 지어야 한다. 요새는 석탄발전소가 아닌 원자력발전소, 재생에너지를 활용하는 등 친환경발전시설이 필요하니 더 복잡해졌다. 학교도, 병원도 필요하다. 초등학교뿐만 아니라 고등교육을 위한 대학교도 지어야 한다. 경찰서, 소방서도 필수다.

기술이 발전하면서 도시에 갖추어야 할 것들이 더 늘어났다. 땅을 파서 파이프도 설치해야 하고, 상·하수시설도 정비해야 한다. 증가하는 물 수요에 정수장뿐만 아니라 대형하수처리시설도 건설해야 한다. IT시설도 잊지 않고 구축해야 한다. 요즘엔 스마트시티라 하여 무인 원스톱 시스템도 구축해야 한다. 이러한 모든 과정을 통해 도시는 성장한다.

흥미로운 것은 초기에 인구가 유입되던 이유는 내외부적인 요인을 일자리가 생기는 바람에 들어갔지만, 도시가 커지면서 도시 내부에서 고용 창출이 이루어진다는 점이다. 주택, 상·하수시설, 도로, 발전소 등 건설하려면 사람이 필요하다. 처음엔 도시가 유치한 공장 때문에 들어갔지만, 이 공장 때문에 늘어난 사람으로 인해 도시 안에서 다른 종류의 고용 창출을 불러왔다. 개발이 한창 중인 도시들은 주로 이 단계에 속한다.

몇년 전부터 한국 사업가들 사이에서는 베트남이 핫한 지역이다. 그 이유가 해외 진출을 해봤다는 중소기업의 말에 따르면, 중국진출은 너무 어려운 반면 베트남은 한국 이미지가 좋아 진출하기 한결 수월하고 발전 가능성도 무궁무진하다는 이유에서다. 개발 가능성이 무궁무진하다는 베트남의 일부 도시는 물론 하수처리시설 건설에 한창이지만 얼마 전까지만 해도 프랑스 식민시절에 만든 하수도시설을 사용했다.

비단 베트남의 얘기만이 아니다. 동남아의 유명도시 대부분이 열악한 하수도 시설로 악명 높다. 경제가 성장하더라도 비싼 인프라 건설 비용 때문에 첨단도시로의 성장으로 이어지긴 쉽지 않다. 단순히 인구수만 늘어난다고 해서 도시화가 성공적으로 이루어지는 것이 아니라 복잡하고 어렵고 오랜 기간 돈이 들어가는 인프라 건설을 통해 도시 자체 성장이 상당히 오랜 기간 진행된다는 의미다.

몇 년 전까지만 해도 국회에서 국회의원들이 예산심의 기간 막판에 자신의 지역구에 SOC사업을 예산에 끼워 넣는다고 "쪽지예산"을 감행한다는 소식들을 종종 들었다. 이렇게 들으면 SOC사업은 대개 선심성 보여주기 사업으로 보일 수 있다. 조금만 가면 다른 지역에 있는

데 굳이 국제공항을 짓기도 하고, 웰빙시대라며 체육공원을 여기저기 짓고, 자전거도로를 무작정 깔고 보기도 한다.[18] 그리고 지역구 곳곳에 자신의 치적이라며 현수막을 걸어 홍보한다. 한국에서는 국회의원의 지역 인기몰이를 위해 경제적 파급효과를 기대하기 보다는 보기 민망한 정치쇼로 쉽게 판단할 수도 있겠으나 중국에서는 중국 경제를 받치고 있는 엄청나게 중요한 역할을 해왔다.

중국의 고속철도는 2018년 기준으로 2만9천km에 달한다. 전 세계 고속철도의 2/3에 달한다. 2025년에는 3만8천km에 달할 것이란 전망이다. 세계 최대 고속철도망을 자랑하는 중국은 도시간 촘촘히 연결되어 있나. 2021년 7월에는 최대시속 600km의 자기부상열차도 공개했다. 션쩐에서 상하이까지 거리가 1,500km인데 서울-부산 거리가 400km 정도 되니 서울-부산을 왕복 두 번 반해야 하는 거리로 생각할 수 있다. 이 긴 거리를 중국의 자기부상열차를 이용하면 단 2시간 반 만에 갈 수 있다. 참고로 KTX를 타고는 서울에서 부산까지 편도로 한 번 가는데 2시간 반이 걸린다.

최대시속 600km의 자기부상열차는 서울-부산의 4배 되는 거리를 약 2시간 반 만에 갈 수 있다.

과도한 투자로 경기를 부양한다는 둥 누가 이용하냐는 둥 중국 정부가 경제 부양을 위해 인프라건설에 노골적으로 투자했기 때문에 말들이 많았다. 하지만 중국의 고속철도 이용률은 어마어마하다. 중국의 철로 운영사인 국가철로집단(中国国家铁路集团)은 2020년 코로나 여파로 전년도에 비해 39.5%가 감소했다고 발표했는데 그 인원이 무려

21억6천만 명이었다.[19)] 매일 5천9백 명이 고속철도를 이용한 꼴이다. 코로나가 아니었다면 작년 기준으로 연 35억 7천만 명, 매일 9천7백 명이 넘게 이용했을 텐데 말이다. 요즘엔 중국 내에서의 물류 이동뿐만 아니라 유럽과 중국무역의 유용한 물류 운송수단으로 중국철도에 대한 기업들의 관심이 더욱 늘어나고 있는 모양이다.

도로확장에도 끊임없이 투자하고 있다. 1980년대부터 광범위하게 고속도로 건설에 투자하여 2019년 말 기준으로 중국의 고속도로 길이는 총 14만9,600km에 달한다. 지구 한 바퀴가 4만km 되니 중국의 고속도로를 일렬로 배열했을 때 지구를 3.7번을 감은 셈이다. 2021년 초, 중국은 세계에서 가장 높은 평균 해발 4,500m에 있는 티벳에 고속도로를 개통하기도 했다.

개혁개방 이전, 중국에는 이렇다 할 항구가 없었다. 하지만 현재 상하이 항구를 비롯해 무려 5개의 중국항구가 전 세계 탑 10위에 이름을 올렸다. 중국에는 세계 최대 수력발전소도 있다. 양쯔강 유역을 중심으로 후베이성에 있는 싼샤댐(Three Gorges Dam)은 연간 발전량은 867억KW으로 싼샤댐 건설을 통해 단숨에 비교할 수도 없을 격차로 세계 1위 수력 생산국이 되었다. 싼샤댐은 최대저수량이 무려 393억 톤으로 1994년에 착공하여 22년 건설 끝에 2016년에 완성했다. 참고로 한국 소양강댐은 총저수량이 29억 톤에 불과하다. 소양강댐 13.5개를 합쳐놓은 양이다. 이 어마어마한 크기의 싼샤댐을 건설하기 위해 250억 달러, 한화로 약 29조 4천억 원이 투입되었다.

중국의 인프라 사랑은 아주 오래되었다. 덕분에 십여 년 전에는 량

센핑(2011)의 『부자중국 가난한중국인』이란 책이 베스트셀러가 되기도 했다. 유난히 아낄 만도 했다. 중국이 그동안 안정적인 성장을 이룩할 수 있었던 가장 안전하고 확실한 방법이었기 때문이다. 중국 정부는 인프라건설을 통해 정부의 소비를 늘림으로써 고용을 창출할 뿐만 아니라, 건설을 통해 파생되는 산업들의 육성을 동시에 꾀할 수 있다. 또한, 건설 후에는 완성한 사회기반시설을 통해 추가적인 경제적 효과로 불러왔다.

예를 들어보자면, 정부가 수백, 수천억 원을 들여 도로를 건설한다. 이를 위해 다양한 건설업체들이 참여하고 수천수만 명의 고용이 창출되었다. 도로를 완공하는 데는 수년이 걸리니 적어도 도로를 건설하는 동안엔 수천수만 명의 피고용인과 이들의 가족이 먹고살 걱정은 하지 않아도 된다. 도로를 깐 것에 그치는 것이 아니라, 포장한 도로 위를 어떤 차는 유리를 운반하고 어떤 차는 식료품을 운반한다. 수십만, 수백만 대의 차량이 이용하면서 도로를 통해 경제발전을 유도할 수 있다. 또한, 도시 간 상호작용을 통해 전국각지에 건설하는 인프라를 통해 도시 간 격차를 줄일 수 있기도 하다.

더욱이 인프라건설에 투자하는 것은 외부경제 충격을 완화하는데 상당히 유용한 역할을 한다. 2008년 미국발 세계금융위기 당시, 중국은 대전환점을 맞았다. 미국발 쇼크로 그동안 공격적인 투자를 감행했던 외국기업들이 갑자기 소극적으로 돌변했기 때문이다. 지속되었던 투자는 중단되었고, 예정되어 있던 대규모 투자들도 무기한 연기되었다. 중국 정부는 외국자본이니 쉴 새 없이 변하고 변수가 많은 외부경제에 의존하기보다는 안정적으로 경제육성을 유도할 필요를 절실하게 느꼈다.

중국 말고도 많은 국가들이 이미 경제위기에 유연하게 대처하기 위해 위기가 올 때면 대규모 인프라시설과 공공복지서비스를 중심으로 대규모 경기 부양정책으로 정부지출을 늘림으로써 폭락했던 경제를 인위적으로 끌어올렸다. 다른 국가들이 국가의 위기에 봉착할 때마다 경기 부양정책으로 SOC 카드를 꺼낸 반면 중국은 대놓고 꾸준하게 투자해온 것이 다른 점이라면 다르다.

다소 억울한 점도 있다. 세계에서 가장 높고, 세계에서 가장 길고, 세계에서 가장 넓은 매머드급 인프라 프로젝트에 투자하다 보니 중국 정부는 시장을 왜곡할 정도로 고정자산에 과도하게 투자하는 것처럼 보일 수도 있다. 1950년대 중국은 극빈국에 속했다. 1970년대까지 지지부진하다 성장이란 대세를 타기 시작한 지 이제 40여 년 됐다. 40년 만에 세계 2위 강국이 되었는데 그만한 인프라 건설이 없이 기염을 토할만한 경제성장을 이룰 수 있었을까는 의문이 든다.

중국은 두 자릿수 성장률을 수십 년째 지켰다. 경제가 100이라 했을 때, 연 10% 성장을 지속하다 보면 1년 뒤엔 110, 2년 뒤엔 121, 3년 뒤엔 133.1, 7년 뒤엔 194.87이 된다. 7년 만에 두 배가 된다는 의미다. 경제가 두 배로 성장하는데 인프라만 제자리라면, 7년 뒤에도 연평균 10%의 경제성장률은 보장할 수 없다.[20] 경제가 두 배가 되었으면 인프라가 두 배는 못 돼도 비슷하게는 성장해 있어야 한다.

인프라는 도로, 전력만 있는 게 아니다. 따라서 냉정하게 말하자면, 중국의 인프라건설은 아직도 멀었다. 중국 인구 1천 명당 병원 침대 개수는 4개에 불과하다. 일본은 12개가 넘는다.[21] 안전한 물에 대한 접근은 일본이 100이라 했을 때 중국은 85 정도의 수준밖에 되지 않는다. 하수는 훨씬 낮은 수준이다. 중국이 이십여 년째 대규모 하수처리시설을 건설하고 있으나 오·폐수 발생 증가량을 따라잡지 못하고 있다. 아직도 하수처리 후 발생하는 슬러지(하수처리과정에서 생긴 침전물)를 적절하게 처리하지 못해 전체의 80%가 그대로 방류되고 있다. 따라서 1980년대부터 본격적으로 성장하기 시작해 이제 중국의 인프라 건설은 한동안 지속이 될 듯하다.

한국의 스마트시티

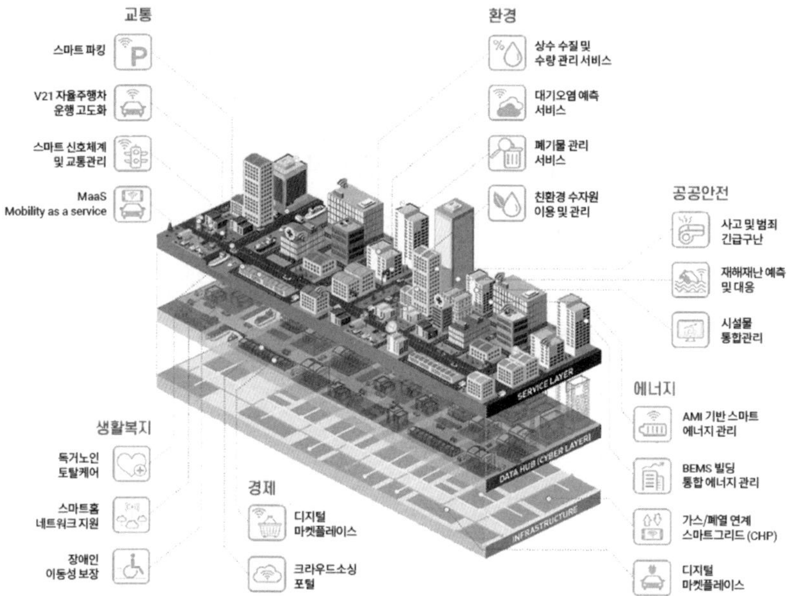

스마트시티 조감도
(출처: 시흥시 홈페이지)

요즘엔 스마트시티가 아주 핫한 미래 산업이다. 스마트시티란 재난관리시스템, 지능형교통시스템, 시설물관리시스템, 환경관리시스템 등의 도시관리시스템을 통해 도시를 운영하여 효율성을 증대시키는 4차 산업혁명 시대 미래형 도시를 말한다.[22)]

지능기정보기술(IoT)는 스마트시티의 핵심기술로 도시에 적용함으로써 도시문제를 해결하고 시민의 편의를 증진시킬 수 있는데, 말이 어렵긴 하지만 물리적으로 도시 크기를 늘리는데 집중했던 예전과 달리, 첨단 통신정보시스템을 통해 동일한 공간에서 효율적인 공간운영을 하겠다는 내용이다.

예를 들어 늘어나는 교통량에 대응하기 위해 예전에는 도로를 확충하는 물리적 방법에 의존했다면, 스마트시티에서는 우회로를 제공하고, 대중교통을 증설함으로써 해결을 모색함으로써 공급자 중심의 해결방식에서 이용자의 수요에 맞추어 맞춤 서비스를 제공하는 데 초점을 맞춘다.[23)]

이러한 스마트시티의 발전은 앞으로 스마트서비스 산업을 육성하여 새로운 분야의 비즈니스를 창출하여 지역경제를 발전시키는 긍정적인 효과를 기대할 수 있다.

참고문헌

1) 아주경제 (2013). <영상중국> 中 춘제 앞두고 오토바이 귀성행렬. 2월 4일.

2) Chen, M., Liu, W., Tao, X. (2013). Evolution and assessment on Chinas urbanization 1960-2010: Under-urbanization or over-urbanization?. *Habitat International* 38: 25-33.

3) Kroeber, A. (2020). *China's Economy: What everyone needs to know* (2nd edition). Oxford University Press.

4) World Bank (2021). Urban population (% of total population) - China. Available at: https://data.worldbank.org/indicator/SP.URB.TOTL.IN.ZS?locations=CN

5) Kroeber, A. (2020). *China's Economy: What everyone needs to know* (2nd edition). Oxford University Press.

6) Chan, K. (2012). Migration and Development in China: Trends, Geography and Current Issues. *Migration and Development* 1(2): 187-205.

7) Naughton, B. (2018). *The Chinese Economy: Adaptation and Growth* (2nd edition). the MIT press .

8) Jain-Chandra, S., Khor, N., Mano, R., Schauer, J., Wingender, P., Zhuang, J. (2018). *Inequality in China-Trends, Drivers and Policy Remedies*. IMF Working Paper.

9) VoxChina (2017). *China's Great Housing Boom*. October 11.

10) 칼E.월터, 프레이저J.T.하위 (2011). 서정아(번역). 레드캐피탈리즘: 장막 뒤에 숨겨진 중국 금융의 현실. 시그마북스.

11) Kroeber, A. (2020). *China's Economy: What everyone needs to know* (2nd edition). Oxford University Press.

12) -----

13) The Market Oracle (2010). *Chinese Real Estate The Mother Of All Bubbles*. August 9.

14) Kroeber, A. (2020). *China's Economy: What everyone needs to know* (2nd edition). Oxford University Press.

15) 칼E.월터, 프레이저J.T.하위 (2011). 서정아(번역). 레드캐피탈리즘: 장막 뒤에 숨겨진 중국 금융의 현실. 시그마북스.

16) World Bank (2021). urban population (% of total population) - China. Available at: https://data.worldbank.org/indicator/SP.URB.TOTL.IN.ZS?locations=CN

17) 아시아투데이 (2021). 결혼율 하락에 비상 걸린 인구대국 중국...7년 연속 최저 신기록 경신. 11월 22일.

18) 더중앙 (2019). 예산안 통과 28분안에…'지역구 SOC예산' 9000억 끼워넣어. 12월 11일.

19) 아주경제 (2021). [NNA] 中 고속철노 3.8만km... 전체 철도의 26%. 3월 3일.

20) Kroeber, A. (2020). *China's Economy: What everyone needs to know* (2nd edition). Oxford University Press.

21) Wilkins, K., Zurawski, A. (2014). *Infrastructure Investment in China*. Reserve Bank of Australia. Bulletin.

22) 시흥시 홈페이지. https://www.siheung.go.kr/portal/smartcity/contents.do?mId=0100000000

23) LG CNS (2017). 스마트 시티에서 살게 되는 세상.

제5강

분권화

제5강 분권화

중국은 지방정부의 경제정책 운용하는데 있어서 상당히 자립도가 상당하다는 면에서 높은 수준의 분권화 성격을 띤다. 하지만 중앙정부의 권력이 만만치 않다. 아주 똑똑한 방법으로 지방정부를 통제하고 감시한다. 중앙정부의 효과적인 중앙집권화 정책들은 지방정부 관료들이 알아서 중앙정부의 정책에 맞추어 지방의 특성에 맞게 경제적 성과를 극대화할 수 있도록 유도해 왔다.

그 효과적인 방법 중 하나가 인사권이었다. 어딜 가나 나의 인사권을 쥔 상사의 말은 듣기 마련이다. 우선, 중앙정부는 지방정부의 인사권을 쥐고 있다. 모든 성장의 인사를 중앙정부에서 관여하기 때문에 중앙정부의 눈치를 볼 수밖에 없었다. 그런데 중앙정부에는 관리해야 할 지역이 너무 많다. 성과 시, 각 지역을 대표하는 사람 한 사람씩만 쳐도 자치구를 빼도 29명이나 된다. 중앙정부의 눈에 들어 주요 요직을 차지하고 싶은 지방정부의 관료들은 제각기 가장 효과적 방법을 찾아 자신의 능력을 단기간 안에 증명해야 했다.

> 중국은 중앙집권적인 정치구조를 가지면서도 상당히 분권화된 독특한 경제구조를 지니게 되었다.

산술적으로 쉽게 그들의 능력을 보여줄 수 있었던 도구는 경제성장률이다. 높은 경제성장률을 성취하기 위해선 경제성장률에 가장

많이 반영되는 요소들을 공략해야 한다. 그 밖에 주로 경제적 성과를 보여줄 만한 숫자들이 이들의 능력을 증명할 수 있었다. 고용 창출, 기업의 성과, 도시화율 등이 될 수 있다. 다행히 해안가에 있는 지역들은 수출 위주 제조업이 발달한 터라 쉽게 자신들의 능력을 보여주기에 충분했다.

경우에 따라서는 가장 상징적으로 보여주는 건물이 되기도 했다. 중앙정부나 다른 지역 관료들이 와서 이 지역의 명물이 될만한 건물을 보여줬을 때 그 임팩트는 상당했다. 그런데 중국엔 사람은 많고 자리는 한정되어 있었다. 관료들의 경쟁은 치열해졌다. 요직에 앉고 싶은 사람은 많고 자리는 한정되어 있으니, 알아서 중앙집권화의 틀에서 움직일 수 있는 환경이 조성된 셈이다.

따라서 중국은 중앙집권적인 정치구조를 가지면서도 상당히 분권화된 독특한 경제구조를 지니게 되었다. 중앙정부에서 세운 굵직한 경제정책을 시행하기 위해 지방정부는 상당한 자율권을 가지고 지역적 특성을 반영하여 경제정책을 시행한다. 그 정도가 상당하다.

우선 한국의 경우 재정자립도가 2005년에는 31.8%였고, 2021년 기준 전국 평균 48.7% 수준이다. 지방자치를 보장하지만, 재정상으로는 진정한 지방자치는 아니다. 상당 부분 중앙정부의 돈에 의존하고 있다. 한국의 경우 재정자립도는 서울이 80.6%로 가장 높은 반면, 전남이 27%로 가장 낮다. 전남이 100만 원을 집행할 때 72만 원은 중앙정부에서 나온 돈이란 말이 된다.

하지만 중국에서는 지방정부가 중국 정부에 의존하는 비율은 15%밖에 되지 않는다.[1] 나머지는 자체적으로 고안한 방법으로 부족한 예산을 충당하고 있다. 이와 반대로, 중앙정부의 눈에 잘 들어야 중앙공산당 요직에 앉는 중국 지방정부의 재정자립도는 상당하다. 재정분권화 정도를 비교해 보자면, 일반적으로 민주주의 국가에선 보통 25% 정도이고, 비민주주의 국가에선 18%였던 반면, 중국은 2002년까지 54%에서 2014년 85%까지 증가한다.[2]

앞서 말한 것처럼 정치적으로 중앙집권화된 중국에서 지방정부의 다양한 경제정책은 모두 중앙정부의 경제정책에서 크게 벗어나지 않으며 상당히 중앙 중심의 권위주의적인 관료체제를 형성하여 운영하고 있다.

중국의 경제개혁 혹은 경제발전을 설명할 때 지방정부의 역할을 빼고는 설명할 수 없다. 이 장에서 개혁경제에서 그리고 시장시스템 안에서 지방정부가 어떠한 역할을 했는지 알기 위해서 지방정부의 돈의 흐름을 따라가 보고자 한다. 정부의 돈줄이라 하면 역시 세금이다. 지금도 계속 손은 보고 있으나, 지금의 세금시스템 기반은 1994년에 완성됐다고 해도 과언이 아니다. 따라서 1994년 이전과 이후의 중국의 세금 제도를 통해 중앙정부와 지방정부의 관계를 이해하도록 한다.

1. 1994 세제개혁 이전

자고로 거래가 있고 수익이 생겨 내 주머니에 돈이 들어와야 세금도 낼 수 있는 법이다. 반대로 재산세 등을 고려하지 않는 상황에서 거래를 하지 않는다면, 혹은 월급이나 다른 형태의 수입이 들어오지 않는다면 낼 세금이 없다는 말이 되기도 한다.

'마오쩌둥 시대에는 세금이 있었을까?'부터 생각해 보자. 결론부터 말하자면, 사실상 없다고 보는 것이 맞을 듯싶다. 중국인들은 대부분 강제노동을 해야 했다. 농산물을 생산하면 일정하게 배급을 받았다. 당시 식당, 미용실 등 서비스업종을 찾아볼 수 없었다. 당연히 세금을 거둘만한 거래는 없었다. 그럼 중국 정부는 무슨 돈으로 국가를 운영했을까? 당시 중국은 국유기업의 수입을 재정수입으로 활용했다. 국유기업들은 직원들에게 각종 거주, 의료서비스 등 복지혜택을 제공했기 때문에 정부가 이런 사회비용의 부담은 덜었다.

하지만 수요를 무시한 채 공급 위주의 계획경제를 추구해온 터라 국유기업의 괄목할만한 성장을 기대하기는 어려웠다. 100% 국유기업의 수입에 의존했으니 국유기업의 수익감소는 정부 수입감소로 직결됐다. 앞서 설명했던 것처럼 왜곡된 경제정책으로 경제가 피폐해지면서 엄청닌 비효율적인 적자운영은 두말할 나위 없이 당연한 결과였다. 따라서 마오쩌둥 집권 말기 정부의 재정적자는 심각했다. 앞서 말한 것처럼 1976년 중국 정부는 100억 위안의 적자를 냈다.

개혁개방 이후 정부는 조금씩 그리고 꾸준히 세금정책을 손보았다. 하지만 국유기업의 수입에 상당히 의존했던 탓에 좀처럼 나아지진 못했다. OECD 국가의 재정수입은 GDP 대비 약 22%가 조금 넘는다. 중국은 1979년 GDP 대비 29%였던 수입이 1993년에는 11%까지 떨어졌다.[3)]

1979년 개혁개방 이후, 중앙정부는 갈수록 줄어드는 세수 문제를 타개하기 위해 그동안 다른 국가에선 민간영역으로 두었던 중국의 공적 영역의 투자를 다른 국가들처럼 기업의 역할로 바꾸었으며, 도시민들에게 제공하던 보조금도, 국방비도 대거 삭감했다.

국방비는 예민할 수 있는 분야였지만, 1980년대 말과 90년대 초는 흔히 말하는 냉전기 미국과 소련의 양극체제(bipolar system)에서 미국 유일의 단극체제(unipolar system)로 확고히 했을 시점이었다. 동독이 서독에 흡수되고 베를린장벽도 붕괴가 되었다. 대세는 미국 혹은 민주주의 국가로 기울었다. 개혁개방 이후 중국은 미국에 대한 우호적인 관계를 유지했기 때문에 국방비를 대거 늘릴만한 합당한 이유가 없었다. 1985년 이전에 GDP대비 6%를 훌쩍 넘던 국방비는 1990년에 들어서면서 GDP 대비 2%가 되지 않았다. 참고로 한국은 2020년 기준 GDP 대비 국방비가 2.8%이며 중국은 1.7%이다.[4)]

하지만 막대한 비용 절감에도 불구하고 중국이 경제발전을 촉진시키는데 필요한 다양한 경제발전을 추진하기에는 턱없이 부족했고, 갈수록 세수는 줄어들었다.

2. 1994 세제개혁

세금을 거둬들인다는 것은 정말 어려운 일이다. 월급에서 떼가는 세금을 볼 때면 '벼룩의 간을 내어 먹지!'라는 생각이 들곤 한다. 세금을 납부가 부당해서가 아니라 세금으로 나에게 주어지는 혜택이 눈에 쉽게 들어오지 않기 때문이다.

예를 들어보자. 국민들이 삼삼오오 낸 세금으로 도로도 정기적으로 포장한다. 가로등도 교체한다. 생각 외로 도로포장은 어마어마하게 돈이 많이 들어가는 일이다. 끝이 없을 정도로 긴 도로에 가로등을 설치하는 것도 딱히 티는 안 나지만 우습게 돈이 나간다. 그런데 일년 내내 도로 위를 지나다녀도 도로를 새로 깔았는지 모르기 일쑤다. 가로등은 두말할 것도 없다. 도로를 새로 포장했다는 걸 알았다면 왜 돈을 이런 데 쓰냐면서 불평이 쉽게 나오기도 한다. 도로가 움푹 파여 새로 포장을 해야 했다는 나름대로 그 사연이 있겠지만 내 하루에서 도로라는 가치가 절대로 크지 않기 때문에 사람들은 쉽게 판단하는 경향이 있다.

정부는 대부분 공공재를 위해 돈을 지출한다. 도시에 사람이 많아지면서 민원이 폭증한다. 민원을 처리할 공무원이 필요한데 그들의 월급이 고정적으로 나간다는 사실은 쉽게 잊어버린다. 대부분의 공공재는 안하면 문제가 심각하지만 하면 티도 안 나는 일들이다. 당장 나의 일상생활을 크게 위협하거나 아니면 각인이 될 만큼 크게 도움을 주지 않기 때문이다.

정부는 국민의 안전과 기본적인 삶의 영위를 위해 꼭 필요하지만 이 티나지 않는 소비를 하고자 국민과 기업에게서 세금을 거둬야 한다. 그래서 너무 많이 거둬들여도 안 되고, 그렇다고 정부재정에 부담을 줄 만큼 부족하게 거둬서도 안 된다. 모두가 수긍할만한 적정선을 찾아야 하며, 사회적 합의를 토대로 남들이 모두 인정할만하고 평등하게 보이도록 정교하게 설계해야 한다. 여간 까다로운 것이 아니다. 따라서 각국의 정부는 경제가 발전할수록 세금을 거둬들이는 시스템을 여러모로 발전시켜 왔다. 거꾸로 생각해 보자면, 경제가 발전하지 못한 국가일수록 세금을 거둬들이기 힘들다는 말이 된다. 소위 우리가 아는 부유한 OECD 국가들은 GDP대비 22~24%의 세수를 거둬들이지만, 국제 원조에 의지하는 아프리카의 국가들은 GDP대비 10%도 채 못 미치는 경우가 태반이다.

중국은 1994년 전격 세제개혁을 단행했다. 자동차를 예로 들자면, 그전엔 소나타 페이스리프트 수준에서 머물던 세제개혁을 아예 그랜저 하이브리드 차로 바꾼 수준이다.

국정운영조차 어려울 정도로 심각한 만성 세수 부족에 시달렸던 중국이 지금은 세계에서 미국에 이어 두 번째로 세금을 많이 거둬들이는 세금 부자가 되었다. 이야말로 격세지감이 따로 없다. GDP대비 11~13%에 머물던 세금을 2016년 22%까지 끌어올렸다.

세금이 갑자기 오르면 국민들은 혼란스러울 게 당연지사다. 그런데 내부 분열 없이 중국은 성공적으로 시스템을 개혁했다. 중국인들이 세금을 올리면 올리는 대로 넙죽넙죽 세금을 낼만큼 공공의 선을 위해 개인의 희생을 당연시하는 천사이던지, 중국인들의 반발을 사지 않고 세금이 비싸다는 부정적인 인식을 만들지 않을 만큼 중국 정부가 영리하게 세금 개혁했던지 둘 중에 하나일 것이다.

비밀은 직접세와 간접세에 있다. 중국의 세금은 직접세보다 간접세에 더 많이 의존한다. 소득에 비례해 내는 세금은 직접세에 속하지만, 간접세는 부가가치세와 같이 거래를 통해 거둬지는 세금이다. 직접세는 소득세로 매달 월급명세서를 받을 때마다 떼가는 돈에 흠칫 놀라지만, 간접세는 사람들이 크게 인식하지 못하는 편이다. 모든 거래 과정에서 발생하는 세금은 이미 가격에 포함되어 있기 때문이다.

> 심각한 만성적자에 시달리던 중국이 지금은 세계에서 미국에 이어 두 번째로 세금을 많이 거둬들이는 세금 부자가 되었다. 비밀은 직접세와 간접세에 있다.

정부의 입장에서도 개별로 소득세를 부과하는 건 쉽지 않다. 매출로 등록되지 않은 현금거래로 돈을 챙겨 냉장고에 넣어뒀다고 하자. 어떻게 정부가 적발할 수 있을까? 세금시스템이 정교하지 않을수록 정부가 놓치는 소득이 많기 마련이다. 일반적으로 경제가 발전될수록 거둬들이는 개인소득세가 많아지는 것도 이와 비슷한 이유다.

중국은 그간 수출을 기반으로 중국경제 발전의 토대를 쌓았고 이를 통해 내수시장을 크게 키워왔다. 비록 외국기업에게 많은 세금을 요구할 순 없었지만 이를 시발로 부유해진 국내 시장에서 엄청난 거래량을 만들어냈다. 활발해지는 내수시장은 매일 수만 개의 기업을 탄생시켰으며, 이중에서는 알리바바와 같이 세계적으로 유명해진 기업들도 많았다. 따라서 중국은 개인소득세보단 부가가치세와 기업 소득세 도입으로 세금 전체의 40%에 가까운 엄청난 세금을 거둬들일 수 있었다.

예를 들어보자. 최신 휴대폰이 나왔다. 가격은 150만 원에 책정되었다고 한다. 새로 나온 휴대폰을 살 생각하니 마음이 설렌다. 나의 마음을 홀랑 사로잡은 휴대폰. '원래 가격은 135만 원이지만 내가 세금을 10%인 15만 원을 더 내기 때문에 아깝다'고 생각하며 사는 사람은 거의 없다. 이상하게도 사람의 심리가 세금부과율이 상대적으로 높은 담배나 다른 사치품에 대한 세금도 마찬가지다. 중국에서 쏠쏠한 수입인 사치품에 대한 세금은 10%~30% 정도 된다.[5] 하지만 5천 위안, 한국 돈으로 93만 원이 넘는 보석, 골프용품, 시계, 화장품, 향수와 같은 사치품는 세율이 60%까지도 책정된다.[6]

중앙정부의 세제개혁의 핵심은 나날이 감소하던 세금을 중앙정부의 수익이 많이 날 수 있도록 개편하고 지방정부의 개입을 최소화하고 투명한 방법으로 세수를 확보하기 위해 중앙기관을 설립함으로써 중앙집권체제를 강화하는 것이었다.[7]

그전에는 지방정부에서 주도적으로 세금을 거둬들여 일부를 떼고 중앙정부에 전달하는 시스템이었지만 1994 세제개혁을 통해 소위 배달사고가 나지 않도록 지방정부의 개입을 배제시켰다. 더욱이 세제개편의 가장 큰 동기는 줄어드는 세금으로 인한 중앙정부의 고민이었기 때문에 좋든 싫든 지방정부의 의견보다는 중앙정부의 구미에 맞는 세제개편이 이루어졌다. 미국은 주마다 자율권을 가지고 세율을 정하고 세금을 거둬들이는 반면, 중국의 지방정부는 중앙정부가 정하는 대로 일괄 따라야 한다.[8)]

어떤 항목을 얼마나 거둬 지방정부와 어떤 항목을 얼마나 나눌지 등 세금체계 설계부터 세수확보를 위한 액션까지 모두 중앙정부가 직접 관여했다. 비록 어딜 가도 돈이 없어도 인사나 예산을 담당하는 사람이 가장 힘이 센 법이다. 중앙정부에서는 인사권과 함께 세제 시스템까지 독점했으니 돈과 권력을 쥔 셈이다.

개편된 시스템을 참고하면, 중국은 소비세, 자동차구입세, 관세 등은 중앙정부에서 다 가져가고, 부가가치세, 기업수익세, 개인 수익세 등은 반반 나누며, 이하 지역관할 토지와 관련된 세금은 지방정부에서 모두 가져가게끔 설계했다. 중앙정부에서는 세금의 9.8%, 반반 나눠 가지는 세금은 전체의 55.9%, 지방정부가 가져가는 세금은 34.3%이다.[9)] 이와 같이 개편한 결과, GDP대비 세수가 증가한 것과 함께 중앙정부와 지방정부의 분배비율이 1993년 22:78에서 2010년에는 50:50으로 중앙정부의 비율도 늘어났다.

3. 경제발전과 지방정부

그럼 지방정부는 어땠을까? 이 시기 지방정부는 한껏 예민해 있었는데 1994 세제개혁은 설상가상, 뺨 맞은 데 또 맞는 격이었다. 하지만 이를 계기로 지방정부는 중국의 경제개발과정에서 상당히 중요한 역할을 한다. 이 시기 지방정부는 이전과 전혀 다른 새로운 국면을 맞이하고 있었다. 모든 지시가 중앙정부로부터 오던 계획경제에서는 그저 내려오는 주문을 관리만 하면 됐었는데, 개혁개방이 되고 지방정부의 역할이 어느 때보다도 커지던 시기였다.

우선, 지방정부가 만난 경제 시스템을 생각해 보면, 완전화한 시장 시스템은 아니지만, 개인 소유를 금지하던 시절에서 민영기업의 발전, 중공업 외 다른 산업의 육성도 동시에 장려하면서 소유에 대한 개념이 완전히 바뀌던 전환기로 그간 지방정부가 고수해온 행정시스템으로는 변화한 국면에 적절하게 대처하기 어려웠다. 지방정부는 지역 내 경제발전을 촉진하기 위해 새로운 역할을 감당해야 했다. 중앙정부에서 하달된 지침만 잘 수행하면 만사형통이던 지방정부가 갑자기 지역의 모든 일을 주도적으로 이끌어가야 했다. 시키는대로 밥그릇에 있는 밥만 숟가락으로 퍼서 옆으로 담기만 하면 됐었는데 이제는 밥그릇도 밥도 만들어야 하는 처지가 되었다.

무슨 말인지 차근차근 생각해 보자. 경제가 급속도로 발전하기 전에는 비록 낡은 전력시설이었지만 전력도 충분했다. 그런데 이제는 전기가 부족하다. 차들이 늘어났다. 도로가 좁고 울퉁불퉁해 늘어나는 물류를 감당할 수가 없다. 집도 부족하다. 이 모든 도시발전에 필요한 인프라시설들이 이전에는 단순히 소비재로 치부해 버렸던 것들이었다. 하지만 이제는 지방정부가 앞다투어 발전을 시켜야 하는 업무가 되었다.

다시 말해 경제발전을 위해 도시 인프라 건설이 중요했으며, 주택공급도 중요한 산업발전의 요인으로 인식되기 시작하는데 도시발전은 전적으로 지방정부의 몫이었다. 더욱이 인구 유입은 끊임없고, 이들을 수용할 주택은 만성 부족에 시달렸으니 지방정부의 부담은 클 수밖에 없었다.

이와 동시에 하드웨어적인 부분만 아니라 소프트웨어적인 부분도 지방정부의 새로운 업무가 되었다. 공공의료, 교육, 연금 등 사회복지와 관련된 일을 말한다. 이전에는 국유기업에서 직원들에게 자체적으로 제공하던 서비스였으나, 국유기업이 개혁이란 이름으로 구조조정에 나서다 보니 사회복지서비스는 대부분 지방정부로 이관되었다. 어떻게 보면, 지방정부에게 새로 부여된 일의 상당수가 다른 나라에선 중앙 정부가 나서서 해야 할 일들이었다. 그런데 중국에선 지방정부가 경제발전이란 이름으로 감내해야 했다.

> 1994년 세제개편 이후, 지방정부의 수익은 갑자기 반으로 줄어들었고, 해야 할 일은 늘어났다. 안 그래도 울고 싶은데 뺨 때린 격이었다.

문제는 여기서 끝나지 않는다. 1994 세제개혁 이후, 지방정부의 수익은 갑자기 반으로 줄어들었다. 해야 할 일은 늘어났는데 수입은 줄어들었으니 안그래도 울고 싶은데 뺨 때린 격이었다. 그렇다고 이 난관을 두고만 보고 있을

순 없었다. 지방정부 관료 입장에선 기회일 수도 있었다. 어떻게 보면 이 난관 끝내 승진이 기다리고 있을 테니 말이다.

그래도 다행인 건 중앙정부가 해안가 도시를 중심으로 수출주도 경제정책을 추진했다는 점이다. 중국에 터를 잡은 기업들은 대부분 수출을 위한 제조업이었다. 또한, 공장을 짓고 인력을 끌어 모아 수출을 하는 이 산업은 토지를 통해 돈을 버는 산업들이기도 하다.

지방정부는 재정적자를 극복하기 위해 고군분투하는데 우선, 농지를 싼값에 팔아 개발을 허가했다. 한국식으로 표현하자면, 국가 소유의 그린벨트를 풀고 공장이나 아파트를 짓노록 허가한 것과 마찬가지로 경제발전이 폭발하던 시기, 이러한 지방정부의 정책은 지역경제에 그다지 나쁠 것이 없었다. 지방정부의 만성적인 재정적자를 메꾸는 데 효자 역할을 톡톡히 했으며, 도시 인근의 농지를 개발하여 폭증하는 인구를 수용하며 인프라건설을 동시에 이룰 수 있어 도시의 가치는 그만큼 높아졌다.

마오쩌둥 시대까지만 해도 토지매매가 엄격히 금지된 상황에서 부를 창출하는 수단은 아니었다. 하지만 세제개혁 이후 중국의 지방정부는 소위 토지에 기반한 자금조달 시스템을 구축했다. 토지를 활용해 재정적자를 메꾸는 지방정부의 전략은 아주 효과적이었다. 대부분의 지방에서 적극적으로 토지를 개간해 도시로 전환해 왔는데 덕분에 급속한 도시화 성과도 기록하고 엄청난 재정수입도 챙길 수 있었다.

지방정부가 부족한 세금을 메꾸고 공격적인 경제 부양정책을 추진할 수 있었던 주된 수입 출처가 토지였던지라 지방정부에서 토지의 중요성은 당연했다. 하지만 지방정부의 세수 구조를 보면 지방정부가 왜 토지를 중요하게 생각할 수밖에 없었는지 더욱 이해가 갈 만도 하다. 부가세는 중앙정부와 나눠 가졌지만, 지방정부에서 다 가져가는 세금 항목들은 대부분 그 지역 토지에서 발생하는 경제활동으로 인한 세금들이었다. 따라서 농지를 개간하여 도시를 확장할수록 지방정부가 거둬들이는 세금은 늘어났다. 그 비중이 경제정책을 좌지우지할 만큼 크진 않지만 무시하지 못할 쏠쏠한 수입임은 분명했다.

도대체 줄어든 세금에도 지방경제 성장에 다방면으로 역할을 한 지방정부. 토지를 팔아 나온 수익이 도대체 얼마나 되길래 수입보다 지출이 훨씬 많은 구조적 한계에도 불구하고 수십 년간 성공적으로 경제정책을 추진할 수 있었을까?

2010년 이후 지방정부는 GDP의 5~7% 정도를 이러한 토지매매를 통해 벌어들였다. 20년간 토지매매로 중국은 500억 위안(지금 한화로 약 9조5200억 원)이었으나 최근에는 8조4천억 위안(한화로 1,554조3,360억 원)

까지 거둬들인 것으로 파악하고 있다. 그중에서도 토지매매에 가장 적극적이었던 지역은 톈진이었는데 2009년 수입의 50%가 토지매매로 발생한 수익이었고, 다른 지방정부도 보통 수익의 35% 정도 차지했다.[10] 세금보다 더 쏠쏠한 수입이 있으니 지방정부는 상당한 자율권을 행사하며 중앙정부에서 내려오는 인프라건설 계획도, 지역내 경제개발정책도 추진할 수 있었다.

지방정부의 이러한 전략은 시장경제에 주는 의미가 상당하다. 보통 경제에서 정부는 조정자로서 혹은 좀 더 적극적이라면 계획자로서 역할을 한다. 하지만 중국의 지방정부는 시장경제를 구성하는 생산자, 소비자들 사이에서 조정의 역할에 그치는 것이 아니라, 부족한 재정수입을 위해 적극적인 시장경제의 한 구성원으로서 역할을 했다.

이러한 지방정부의 적극적인 역할은 부작용도 함께 불러왔다. 조정자로서의 정부 역할보다 경제발전의 주체자로서 적극적으로 활동했기 때문에 내부거래, 이로 인한 부패문제, 왜곡된 지방경제발전 등의 문제를 피할 수 없었다. 부정부패는 만연했지만 고위직도 부정부패 청산의 타겟이 되면 고위직에도 엄격히 적용되는 중국의 사법체계를 통해 영락없이 나락으로 떨어졌다.

권력 싸움에서 진 결과이든 부정부패의 고리를 끊으려는 정부의 의지이든 상관없다. 다만 잊을 만하면 법정에 서는 정부관료들의 소식은 각종 부정부패에도 불구하고 상징적인 보여주기 사례로 지속적으로 부정부패 척결을 위해 노력하는 중국 정부의 이미지를 심는 효과와 동시에 중국 사회 내 수용할만한 선에서 암암리에 부정부패를 눈

감아주며 언제든 권력 확장의 고리를 끊을 수 있는 잠재적 무기로 활용되고 있다.

4. 2014 세제개편계획과 중국의 난관

러우지웨이는 2014년 세제개편계획 3단계를 발표했다. 1단계 지방정부의 채권 발행 허용, 2단계 소득세와 재산세 증세, 3단계 중앙-지방정부간 세수·세출 재조정이다. 2014년 세제개편과 함께 지방정부가 채권을 발행할 수 있도록 허가했다.[11]

이전까지는 지방정부가 채권발행이 어려워 지방정부가 기업을 만들어 우회적으로 은행으로부터 돈을 빌렸는데 문제가 이율이 높고 대출기간이 비교적 짧다는 점이었다. 이제 직접 낮은 이자로 장기간 빌릴 수 있게 되었다. 하지만 지방정부의 부채는 2010년 이래로 급속도로 증가했다. 이미 부채가 많은 지방정부의 채권을 믿고 살만한 사람은 많지 않았다. 결국 은행은 중앙정부의 압박에 못이겨 지방정부의 채권을 사들일 수밖에 없었다.

이러거나 저러거나 첫 번째 발표는 이룬 셈이다. 두 번째 계획은 첫 번째 단계보다 다소 어렵다. 소득세와 재산세를 증액하겠다는 계획이다. 지방정부와 개인들의 반발이 만만치 않기 때문이다. 각종 탈루로 걷기도 어렵긴 하지만, 안내던 세금을 내라고 하면 자산가들도 선뜻 내기 어렵다. 또, 어렵게 설득한다고 하더라도, 자산가들의 세금이 높아지면 세금을 덜 내기 위해 보유하고 있던 부동산들을 팔 것이고, 이는 결국 지방정부의 세수감소가 불가피하다. 그간 지방정부는 토지매매로 그동안 부족한 세수를 메꾸어왔지만 한 번 팔면 끝이고, 이미 그동안 많이 팔아왔다. 토지매매를 통한 세수충당 방법은 닭장에 여러 닭들이 매일 낳는 알을 활용하는게 아니라 닭장의 닭을 잡아먹는 방법이었다. 점차 지방정부의 부채는 빠른 속도로 늘어나고, 팔 토지는 점점 줄어 재정부담은 늘어 가는데 다른 방법으로 수입을 창출해야 한다는 거야 동의하지만 자신가들에게서 세수를 더 거둬들이는 방법은 당장 세수가 줄어들 깃이라 예상하는 지방정부 입장에선 여간 껄끄러운 것이 아니다.[12)]

러우지웨이의 3단계는 지방정부가 좋아할 만한 계획도 담겨있다. 그동안 지방정부가 부담했던 사회안전망, 교육을 위한 지출을 중앙정부에서 담당하겠다는 내용이다. 하지만 2단계가 완성된 이후 이루어지는 마지막 계획이라는 점이 단점이다.

전 세계에서 미국 다음으로 제일 많은 세수를 거둬들이지만, 그만큼 지출 또한 크다. 미국은 2020년 기준으로 예산적자가 GDP대비 18.73%이며, 중국은 11.88%이다. 캐나다의 예산적자는 GDP 대비 19.92%로 가장 높고, 영국도 16.46%에 달해 중국은 비교적 낮은 편이지만, 안심할 수 없다. 지방정부의 만성 재정적자도 문제지만 중앙정부 역시 돈이 풍족한 건 아니다. 앞으로 써야 할 돈이 줄줄이 기다리고 있기 때문이다.

교육, 의료, 연금 등으로 엄청난 지출을 단행하고 있는 선진국과 달리 중국은 이 분야의 지출은 극히 적다. 중국 인구는 빠르게 늙어가고 있다. 경제발전의 원동력이었던 세대들은 퇴직하기 시작했다. 농촌에도 연금제도를 시행하기 시작했지만, 그 금액은 살기에 턱없이 부족하다. 공중보건에 필요한 돈은 어마어마하지만, 아직 보험이 적용되는 의료항목은 미미하다. 급속히 늘어가는 노령인구를 보호할 건강보험과 연금에 많은 돈이 투입되어야 한다. 그동안 소외되었던 농촌 지역의 초등학교 무상교육은 2006년에 겨우 막 시작했다.

그래도 다행인 건 중국이 거둬들이는 소득세는 정말 낮아, 앞으로 얼마든지 소득세를 거둬들일 수 있다는 점이다. 더 늦기 전에 과감한 세제개혁을 통해 안정적으로 세수확보를 함으로써 증가하는 정부지출을 감당해야 할 것으로 보인다.

5. 분권화의 결과, 장단점

지금까지 세제 시스템과 엮어 중앙정부와 지방정부와의 관계, 현재 중국이 겪고 있는 난관 등을 함께 보았다. 중앙집권 속에서 시행된 상당히 자율적인 분권화 분위기에서 지방정부의 역할이 중국 경제에 어떠한 긍정적, 부정적 영향을 주었는지 다음과 같이 다시 요약할 수 있다.

중국에서 중간 정도 되는 성에 인구는 4천6백만 명 정도 된다. 한국 인구보다 좀 적은 정도다. 외교 국방을 가지고 있진 않으나 중국의 성 하나는 웬만한 국가와 맞먹을 규모다. 앞서 언급한 한 바와 같이 1980년대 이후 경제특구를 중심으로 발전해온 중국의 경제 때문에 지역간 편차도 엄청나다.

중앙정부는 2013년까지 중앙집권의 틀을 유지하면서도 지방정부의 다양한 성격 때문에 최대한 자율성을 보장했다. 지방정부가 처한 예산부족 문제를 중앙정부가 나서서 해결하지 못한 까닭도 있다. 어쨌든 중앙정부는 중앙정부 차원에서 모든 것을 통제하기보단 이들의 경쟁을 도모하는 분위기를 조성했나. 마오쩌둥 시대 중앙정부의 모든 정책결정에 관여했던 것과 가장 큰 차이점이다.

중국의 경제발전은 이 지방정부 관료의 노력에서 비롯된다고 해도 과언이 아니다. 이들은 경제를 통제하고 감시하기보단 적극적으로 유치하는 영업부서에 가까웠다. 적극적인 토지매매를 통해 지방정부의 재산을 불렸고, 이를 통해 도시개발에 몰두했다. 개인적인 인센티브도 상당했기 때문에 정부관료 외에도 전문적으로 외국기업들을 유치하는 사람들도 생겨났다.

데모사업의 성패는 개인적인 업적 쌓기에도 아주 좋은 수단이었다. 따라서 지방정부 관료들은 적극적으로 다양한 경제정책을 도입하고 발선시켰다. 지방정부는 적극적으로 데모사업을 추진했고 경제적 효과를 증명하면 이후 확대 적용했다. 곳곳이 경제개발을 위한 테스트베드였기 때문에 중국에 효과적으로 적용할만한 정책들은 넘쳐났다. 참고로 베이징은 가장 보수적인 지역으로 해안 도시에서 공통적으로 긍정적인 효과를 불러오는 정책들을 가장 나중에 시행했다. 도시화

과정에서도 가장 보수적인 정책으로 유동인구의 유입을 막은 지역이기도 하다.

이들의 장점에도 불구하고 단점 또한 많다. 우선 지방 관료들의 업적을 가장 효과적으로 보여줄 수 있는 기준은 숫자였다. 이들은 GDP 상에서 나타나는 경제적 효용성을 극대화하기 위해 분투노력했다. 이들의 과도한 경쟁이 당장 급하지 않은 대규모, 자본 집약적 산업프로젝트나 인프라건설 프로젝트에 집중되기도 했다. 때로는 이들의 경쟁이 눈요깃거리에 그칠 수 있는 화려한 건물들로 탄생하기도 했다. 또 과도하게 GDP 성장률에만 관심을 보였기 때문에 장기적인 발전을 꾀하는 공공의료, 복지 등에는 소홀하기도 했다.

이밖에 경쟁적으로 생겨난 관료밀착형 좀비기업들이 늘어난 것도 지방정부가 시장의 감시자이자 조정자가 아닌 시장발전의 주체자로서 적극적으로 개입한 부정적인 결과 중 하나라 할 수 있다. 단적인 예로, 자동차 산업이 각광받고 있을 때 각 지방정부는 자동차기업 육성에 공을 들였다. 지방정부의 후원으로 자동차회사를 경쟁적으로 만들었고 120개 이상 생겨났다. 120개나 되는 자동차회사 중 우리가 기억할만한 회사는 딱히 없다. 대부분 적자를 면치 못하는 기업들이다. 하지만 지방정부의 책임을 물을 수도 있는 이들의 부도는 있을 수 없는 일이다. 정부와 기업의 유착관계는 진입장벽을 높임으로써 잠재력 있는 신생기업의 유입도 어렵게 한다.[13)]

참고문헌

1) 통계청 홈페이지. 재정자립도(2021년 4월 30일 기준).

2) Brodsgaard, K. (2008). *Decentralized Authoritarianism in China*. Cambrige: Cambridge University Press.

3) Ma, J., Norregaard, J. (1998). *China's Fiscal Decentralization*. IMF.

4) SIPRI (2021). *TRENDS IN WORLD MILITARY EXPENDITURE, 2020*. Fact Sheet.

5) China Briefing (2012). *Luxury Tax in China*. June 7.

6) Global Blue. China's new tax policy means tougher trading for cross-border retail. MARKET TRENDS AND INSIGHTS.

7) Kroeber, A. (2020). *China's Economy: What everyone needs to know* (2nd edition). Oxford University Press.

8) -----

9) -----

10) China Banking News (2021). *Local Government Land Sales Revenues in China Rose from 50 Billion to 8.4 Trillion Yuan in Just over Two Decades*. June 15.

11) Naughton, B. (2018). *The Chinese Economy Adaptation and Growth* (2nd edition). the MIT press.

12) -----

13) Kroeber, A. (2020). *China's Economy: What everyone needs to know* (2nd edition). Oxford University Press.

제6강

에너지와 환경

제6강 에너지와 환경

아침 7시 출근길. 그날따라 짙은 안개에 앞차도 옆에 한강 하류도 전혀 보이지 않았다. 예전 같았으면 단순히 '안개가 많이 꼈구나' 할 텐데 요즘 이런 짙은 안개를 볼 때면 미세먼지가 얼마나 심한지부터 찾아보게 된다.

요즘 세계가 주목하는 이슈 중 가장 해결이 시급한 것이 기후위기와 탄소배출이다. 얼마 전 뉴스에서 몇 십 년 뒤에는 커피가 사치품이 되어 있을 거란 소식을 들었다. 우습겠지만 눈을 뜨면 커피와 함께 하루를 시작하는 나에게는 이보다 더 무서운 뉴스가 없었다. 호호할머니가 되었을 때는 커피를 천장에 달아놓은 굴비처럼 보고 만족해야 할 수도 있다.

기후위기가 올 것이라는 전망은 30년 전부터 교과서로 배워 식상하게도 느껴졌다. 하지만 하루가 멀게 전 세계 곳곳에서 이상기후로 몸살을 겪는다는 소식을 들을 때면, 요즘은 정말 먼 미래가 아닌 당장 내일이라도 기후위기가 내 신변을 위협할 것 같다는 생각마저 든다. 당장 나의 삶에 적어도 나의 중년까지는 이 기후변화가 끼치는 영향이 드라마틱하게 크지는 않더라도 적어도 내 자녀들이 세계의 주축이 되어 삶을 영위할 때에는 나의 세대가 겪었던 환경오염, 무분별한 개발과 탄소배출로 인한 기후변화영향이 더 큰 위험으로 변해 이들을 맞이할 것이다.

중국은 모두가 인정하는 세계 최대 에너지 소비국이자 세계 최대 오염 배출국이다. 아프리카대륙 서쪽에 위치한 말리는 2016년 기준으로 시간당 17테라와트를 소비한다. 반면에 중국은 시간당 3만9,361테라와트를 소비한다. 에너지 소비만으로 비교하자면 중국은 아프리카 국가 말리를 2,315개 합친 것보다도 많다.[1)] 중국의 탄소배출량은 다른 주요 탄소배출국 몇 개국을 합친 것보다도 많다.

세계가 탄소배출 규제의 목소리를 강화하면서 중국도 적극 참여하라고 압박을 가했지만, 중국은 소극적이었다. 사람들은 손가락질을 했다. 중국은 인류에 해를 가하는 존재인가? 심각해지는 기후변화위기로 우리는 시간이 충분히 있진 않지만 그렇다고 무작정 중국에게 석탄을 때지 마라, 공장문을 닫으라 할 수는 없다. 중국인에게만 희생

을 요구할 순 없다.

윤리적인 문제를 논하기 앞서 무작정 환경오염을 중지하라고 말할 수 없는 건 중국에서 공장을 돌리지 않으면 전 세계가 금세 혼란에 빠질 것이 불 보듯 뻔하기 때문이다. 중국이 공장을 돌리지 않을 뿐인데 이게 무슨 소리인가? 그럼 환경규제를 강화하고 공장을 돌릴 수는 있을까? 이 장에서는 에너지와 환경이라는 이 두 가지 키워드로 중국 경제에 관해 설명하고자 한다.

1. 환경오염, 그리고 세계 공장

다소 엉뚱하게 들릴 수 있겠으나, 청계천이나 4대강과 같은 환경친화적인 듯한 건축물을 볼 때마다 볼 때면 가장 원초적인 질문을 떠올리게 된다. "인간이 자연을 정복할 수 있을까?" 겉으로 보기야 친환경적으로 보이지만, 자연을 인간의 편의에 따라 인위적으로 가공한 모습을 보면 환경에 순응하지 않고 정복하고자 하는 인간의 욕심을 발견한다.

미오쩌둥도 이와 같은 사고방식을 공유했었다. 인간의 의지로 모든 어려움과 고난을 극복할 수 있었고, 환경 또한 마찬가지였다. 옛날 시회 분위기가 환경보호라는 개념조차 없었기 때문에 마오쩌둥의 사상이 사회마다 특유의 방식에서 차이가 있을 뿐 인간의 노력으로 혹은 과학기술의 발전으로 환경을 정복할 수 있다는 믿음은 다 비슷했을 것이다.

그럼 개혁 이전과 이후의 시대, 즉 마오쩌둥의 시대와 덩샤오핑 이후의 시대 중 언제 환경오염을 더 유발했을까? 물론 개혁개방 이후 시대인 요즘이다. 당연히 갈수록 환경오염은 극심해지고 있다. 마오쩌둥 시대 비록 환경보호란 개념은 없었다. 하지만 환경오염으로 인해 심각한 사회문제가 될 만큼 경제가 성장하지 않았다. 당시 미약한 경제활동은 환경에 유해했을지라도 환경오염으로 인해 역으로 경제위기를 불러오진 않았다는 말이다.

그럼 서두에서 말한 바와 같이 중국이 세계 최대 환경오염 유발국이니, 환경에 해가 되는 모든 활동을 당장 중지하라고 말할 수 있을까? 그렇게 한다면 속이야 시원하겠으나 경제라는 것이 그렇게 무 자르듯 잘라 해결할 순 없다. 이미 수십 년간 세계경제는 중국의 산출물에 의존하며 발전해 왔다. 중국에 대한 부정적 인식이 있을지라도 중국의 싼 제품 덕분에 더 많은 풍요를 누릴 수 있던 것도 부정할 수 없다. 중국에 고마워하자는 말이 아니라 평생에 한 번 만나지도 못할 지구 반대편에 사는 사람일지라도 이미 복잡하고 유기적으로 연결되어 있는 지구촌에서 쉽게 중국에게 경제활동을 포기하라는 것은 나에게 닥쳐오는 엄청난 어려움을 감수하겠다는 말과 일맥상통한다는 의미다.

단적인 예를 들어볼까 한다. 얼마 전 호주와 중국이 몇 년간 지속되어온 갈등으로 서로 포도주를 수입하지 않겠다는 둥, 소고기를 수입하지 않겠다는 둥 무역을 무기로 서로 실랑이가 계속되어왔다. 이렇게도 해 보고 저렇게도 해봤지만, 호주가 말을 듣지 않자 그러다 중국이 마지막 히든카드를 꺼냈다. 중국은 호주산 석탄을 금지한다고 했다. 호주에 상당한 금전적 타격을 가한 듯했다. 언론에서도 호주가 입을 경제적 타격에 대해 걱정했다. 그런데 얼마 가지 않아 전세는 역전되었다. 중국 전역에서 산발적으로 단전이 발생했다. 공장이 멈췄다. 전 세계 제조업의 기지로 불리는 장쑤성, 저장성, 광둥성에 전력 사용이 제한되었다. 2021년 9월, 광둥성에 있는 1만5천 개 공장이 가동을 멈춰야 했다.[2] 중국의 단호했던 결정은 2021년 겨울을 맞이하면서 포기한다. 안 그래도 부족한 전력에 겨울로 난방을 떼야 했기 때문이다.

> 얼마 전 호주와 중국이 몇 년간 지속되어온 갈등으로 무역을 무기로 서로 실랑이가 계속되어왔다. 무역분쟁을 넋 놓고 지켜보고 있던 한국, 그러다 갑자기 불똥이 한국으로 튀었다.

이때까지만 해도 한국은 호주와 중국의 무역분쟁을 넋 놓고 지켜보고 있었다. 그러다 갑자기 불똥이 한국으로 튀었다. 부족한 석탄으로 중국이 요소수 수출을 금지했다. 요소수는 석탄에서 추출하다 보니 석탄이 부족한 판국에 요소수 수출이 문제냐는 것이다. 2015년 이후 디젤차에는 요소수가 꼭 필요한데 중국산 요소수에 대부분을 의지하던 한국은 갑자기 구급차도 소방차도 멈춰설 수도 있는 위기를 맞이해야 했다. 이로 인해 한국은 군 비행기를 동원해 일명 "요소수 구하기" 전시작전모드에 돌입했다. 연일 뉴스에서는 요소수를 어디에서 얼마만큼 확보했는지 보도가 나왔다.

한국경제의 상당수는 중국에 의존하기 때문에 어쩌면 당연한 결과

일 수 있다. 그럼 유럽은 어떠한가? 중국 중앙정부는 올해 "탄소 제로의 시대"를 발표했다. 그리곤 지방정부에 에너지 소비를 줄이라고 하달했다. 그리고 에너지 소비를 줄이기 위해 일부 공장은 문을 닫기도 했다. 의도했던 아니던 문 닫는 공장 중 마그네슘을 생산하는 공장도 포함되어 있었다.

마그네슘은 휴대폰, 컴퓨터, 자동차에 주로 쓰인다. 그야말로 미래 먹거리 핫한 시장에 쓰이는 핵심 소재다. 그리고 중국은 전 세계 마그네슘 시장의 85~90%를 차지한다. 마그네슘 시장에서 독점이나 다름없는 중국이 갑자기 공장을 닫아버리다니……. 전 세계 휴대폰 산업, 컴퓨터 산업, 자동차 산업이 핵심 소재를 확보하지 못해 발을 동동 굴렀다. 마그네슘의 생산부족으로 가격은 톤당 3천 달러에서 8,250달러로 단숨에 3배 가까이 뛰어올랐다. 유럽은 마그네슘으로 촉발된 무역안보 위협에 강력히 우려를 표명하기 시작했다. 중국이 앞으로 마음만 먹으면 어떤 제품이든 무역을 통해 언제든 유럽의 목을 죌 수 있다는 공포가 현실로 다가왔기 때문이다.[3)]

중국의 경제활동을 무턱대고 줄이라고 할 수 없다면, 이제 우리는 환경을 최대한 오염하지 않는 선에서 중국의 생산을 도모하는 방법을 생각해볼 수 있다. 이를 위해 우선 중국이 어떤 에너지 사용패턴이 있는지부터 알아볼 필요가 있다.

중국에서 에너지 소비는 2000년에 들어서기 전까지는 다소 안정적으로 증가하는 패턴을 보였다. 그러다 중국이 2000년 이후 여러 가지 호재로 경제 붐을 맞이하면서 상황은 급변한다. 1990년대 말 당시 중국은 20년간 지속된 개혁개방정책으로 가시적인 경제발전 효과를 누리던 시기였다. 거기에 금융개혁, 주택시장 민영화까지 더해 높은 경제성장률을 자랑하며 경제호황을 누렸다. 그 결과, 2000년대 초부터 2010년까지 에너지 소비는 수직상승했다. 2010년 이후 에너지 소비증가율은 다소 누그러졌지만 안심할 처지가 아니다. 2000년대 이후 폭증한 에너지양은 증가율만 조금 떨어졌을 뿐 줄기는커녕 늘기만 했기 때문이다.

2. 석탄과 중국 경제

전 세계가 우려하는 환경오염의 주범은 석탄이다. 석탄은 환경오염의 주범으로 온실가스를 다른 에너지에 비해 가장 많이 배출한다. 석탄은 생각보다 후진적인 에너지원이다. 에너지효율도 석유나 천연가스에 비해 훨씬 낮은 반면, 환경오염은 훨씬 많이 유발한다. 같은 에너지를 생산하기 위해 다른 에너지보다 훨씬 많은 양의 석탄을 사용해야 하는데 깨끗하지도 않다.

그런데 중국 경제의 과거와 현재에는 석탄이 있다. 다른 국가에 비해 중국의 석탄에 대한 의존도는 상당히 심각하다. 이는 신진국과 비교했을 때 상당히 후진적인 에너지 소비구조이기도 하다. 전 세계 에너지 소비의 1/4을 차지하는 중국은 이중 절반 이상을 석탄으로 충당하는 데 반해 전 세계 에너지 소비의 16% 정도 차지하는 미국은 주로

70% 이상 석유와 천연가스에 의지하고 11%만 석탄을 활용한다. EU도 미국과 비슷한 패턴이다.[4]

1980년대 중반에는 석탄 비중이 80%를 넘기도 했다. 1994년부터 2011년까지 17년간 석탄생산은 3배 증가했고, 연간생산량 40억 톤에 이르렀다. 다행히 2013년부터 증가세는 주춤해지고 석탄 의존율도 다소 감소했다. 하지만 2016년에도 60% 이상이 석탄에 의존하고 있다.[5]

중국이 석탄에 심각하게 의존하는 이유로 중국의 산업구조를 통해 설명할 수 있다. 유럽이나 미국 일부 선진국들은 이미 제조업을 개발도상국에게 넘겼다. 경공업뿐만 아니라 중공업도 제조를 위한 산업시스템은 모두 아시아로 넘어온 지 오래다. 그리고 이들은 관광업과 같은 서비스업이나 선진 IT 기술을 필요로 하는 4차산업에 집중한다. 같은 경제활동을 하더라도 에너지를 덜 쓰고 환경을 덜 오염시키지만, 훨씬 많은 부를 창출하는 산업에 치중한다는 말이다.[6] 이와 반대로 중국을 비롯한 아시아는 환경오염을 크게 유발하는 산업을 경제발전의 축으로 삼고 있다. 그중에서 중국은 가장 규모가 크다.

> 거기에 2000년대에 들어선 경제 붐이 있었다. 유래없는 중국의 경제호황으로 도시마다 건설 붐이 한창이었다. 이때 당시 중국의 건설 붐이 얼마나 컸는지 전 세계 철강, 유리, 시멘트 가격이 중국의 수요에 따라 바뀔 정도였다.

거기에 2000년대에 들어선 경제 붐이 있었다. 유래없는 중국의 경제호황으로 도시마다 건설 붐이 한창이었다. 아파트를 짓는 족족 팔려나갔으니 너나 할 것 없이 건설업에 뛰어들었다. 앞서 4강에서 설명한 바와 같이 부동산은 정부의 통제 속에서도 인플레이션을 뛰어넘는 유일하고 안정적이며 효과적인 자산증식

수단이었다.

아파트나 건물을 짓기 위해선 철강, 유리, 시멘트 등이 건설자재가 많이 필요하다. 이때 당시 중국의 건설 붐이 얼마나 컸는지 전 세계 철강, 유리, 시멘트 가격이 중국의 수요에 따라 바뀔 정도였다.[7] 그런데 이런 건설자재를 생산하기 위해선 엄청난 양의 에너지가 소비된다. 2000년대 이후 중국에서 급격하게 에너지 소비가 증가했던 이유도 바로 이런 건설 붐과 깊은 관련이 있다.

지극히 개인적으로 한 가지 아쉬운 점이 있다면, 건축물에서도 나타나는 심각하게 낮은 에너지효율 문제다. 요즘에서야 페시브하우스라고 하여 에너지 낭비를 최소화하는 건축물들이 관심을 받고 있지만, 중국에서 건설 붐이 일어날 당시만 해도 그러지 않았다. 단열이 잘되는 창으로, 벽으로 건설하여 에너지효율을 최대화하는 데 중점을 두기보단 우선 빨리 짓고 많이 짓는 데만 집중했다. 단열에 취약하고 에너지를 더 많이 사용했다. 우후죽순으로 지어진 집에서 사는 중국인들은 겨울마다 더 많은 석탄을 떼고 여름마다 에어컨을 더 세게 틀어야 하니 잊을 만하면 찾아오는 미세먼지가 너무나 얄밉다.

에너지를 많이 소비할 수밖에 없는 산업구조도 문제이지만 석탄을 저품질의 석탄생산에 의존하는 산업구조도 문제가 많다. 중국은 1995년 기준으로 중국의 석탄광산은 1,264개가 운영되고 있는 것으로 파악했다. 대부분 양질의 석탄을 생산할 수 없는 영세사업장으로 양질의 석탄보다 생산할 때에도 사용할 때에도 훨씬 심각한 환경오염을 유발한다.

중국에서는 석탄으로 인한 환경오염을 우리가 인식하는 훨씬 이전부터 인지하고 있었다. 물론 이 영세사업장의 부작용도 알고 있었다. 따라서 1990년대 말에는 영세사업장은 폐쇄하겠다는 발표를 하기도 했다. 지방정부는 중앙정부의 발표와 동시에 적극적으로 지침을 따를 것처럼 보였다.

하지만 영세사업장에서 생산하는 석탄이 전체의 절반 가까이 차지할 만큼 영향력은 컸다. 갑자기 획기적인 대책 없이 생산량의 절반을 포기할 순 없었다. 지방정부는 폐쇄했다고 보고했지만, 상당수는 비밀리에 운영을 지속했다. 결국, 중앙정부에서 소규모사업장은 폐쇄하겠다는 발표에도 불구하고 2009년엔 석탄생산량이 2002년에 비해 정확히 두 배 늘어났다. 소규모사업장을 폐쇄하고도 단기간에 생산량을 두 배로 증가시킬 순 없는 일이다.[8)]

물론 중국에서도 석유는 난다. 신기하게도 1980년대 중반까지만 해도 중국은 석유 수출국이었다. 하지만 더 많은 에너지가 필요하면서 석유 수입량이 급격하게 늘어났고 1993년부터는 석유 순수입국이 되었다.[9)]

중국도 물론 석유가 에너지효율 면에서 훨씬 좋다는 건 익히 알고 있다. 하지만 중국의 관점에서 에너지효율을 높이자고 석유 의존도를 높이는 것이 그다지 좋은 방법은 아니다. 비록 석탄이 에너지효율이 낮을지라도 혹은 환경오염의 주범일지라도 중국 천지에서 손쉽게 구할 수 있는 석탄을 두고 수입해와야 하는 석유에 에너지 의존도를 높인다면, 그만큼 세계정세에 급변하는 석유 가격에 중국경제가 영향을 받을 수밖에 없게 된다.

2008년 세계금융위기 당시 중국은 이미 여러 산업을 통해 외국자본이나 외국기업에 의존한다면 세계경제의 위기에 자국경제가 위험에 노출될 수 있다는 것을 경험했다. 이후 중국은 여러 산업에서 위상을 떨치고 있는 외국기업을 대체하기 위해 자국기업의 육성에 적극적이었다. 중국정부의 관리감독 안에 안전한 경제시스템을 중요하게 생각하고 있다. 이러한 관점에서 석유에 의존한다면 안정적인 에너지를 확보하기 위해선 외국의 눈치를 볼 수밖에 없어지기 때문에 정부가 선호할만한 에너지원은 아니었다.

사실, 중국은 세계 유명 석탄 보유국이기에 호주에서 수입하는 석탄량은 중국경제에 타격을 가할 만큼 그다지 많지 않다. 그러니 중국이 초기에 호언장담하고 히든카드로서 호주산 석탄 수입금지를 선포할 수 있었다. 완고하던 중국의 석탄 수입 금지정책도 석탄에 의존하는 중국의 난방시스템 때문에 결국 체면불구하고 포기해야 했다. 2021년 중국내 각종 사건사고로 일시적으로 석탄 생산량이 감소한 것이 석탄 부족의 중요한 요인이기도 하겠으나, 어쨌든 에너지 소비대비 생산이 얼마나 빠듯한지 중국의 상황을 알 수 있게 한다.

개혁개방 이전부터 중국은 석탄을 주요 에너지원으로 삼아왔다. 미국에 있는 석탄발전소들은 상당히 노후해 운영중지를 고려할 만하지만, 1980년부터 기지개를 켜기 시작한 중국은 미국에 비해 석탄발전소도 비교적 최근에 건설했다. 대규모 석탄채굴업체들도 있으나, 소규모로 석탄을 생산해내는 곳들도 아직까지도 많다. 중국이 세계사회의 비난에도 불구하고 상당 기간 석탄에 의지해 경제를 굴릴 수 있다는 의미다.

주요 에너지원을 바꾼다는 건 말처럼 쉬운 일이 아니다. 연료차에서 전기차로 바꾸는 일은 자동차만 바꿔선 안 된다. 주유소를 대체할 전기충전소 등 인프라 또한 마련해야 하기 때문이다. 자동차 하나만도 머리 아픈 일들이 산적해 있는데 전력생산의 절반 이상 석탄에 의지하던 경제구조를 하루아침에 포기하라는 건 중국에게 불가능한 일을 하라고 억지 부리는 것과 같다.

> 석탄에 과도하게 의존하는 경제를 체질개선하기 위해 환경에 덜 유해한 에너지를 찾는다는 점에서 의의가 있다. 하지만 우리가 주목해야 할 또 한 가지는 목표를 달성하는데 최소 10년 이상은 걸린다는 점이다.

2021년 가을, 중국은 앞으로 150개 원자력발전소 건설하겠다는 계획을 발표했다. 원자력발전소 건설로 석탄발전소의 상당 부분을 상쇄해 더욱 친환경적인 에너지 소비구조를 조성하겠다는 계획이다. 여기서 원자력발전소가 친환경적인지 아닌지는 논할 필요는 없다. 우선 정부의 이와 같은 발표는 석탄에 과도하게 의존하는 경제를 체질개선하기 위해 석탄보다 환경에 덜 유해한 대체할만한 에너지를 찾는다는 점에서 의의가 있다.

하지만 우리가 주목해야 할 또 한 가지는 원자력발전소가 환경에 좋던 좋지 않던 간에 사업준비부터 건설계획, 시공까지 최소 10년은 걸리는 긴 공사기간이다. 150개 원자력발전소를 건설하고 석탄발전소의 에너지 생산량을 대체하기 전까진 중국의 석탄 의존도는 앞으로도 오랫동안 상당할 것으로 보인다.

다행히 중국은 대체에너지 분야 개발에 박차를 가하고 있다. 미국이나 유럽보다 많은 대체에너지를 생산하고 소비한다. 2016년에 완공된 싼사댐은 세계 최대 수력발전소로 어마어마한 발전량으로 수력에너지 세계 1위를 자랑한다. 중국은 태양열에너지로도 유명하다. 쏠라패널은 생산시스템 전 과정에서 세계시장을 거의 독점하다시피 하고 있다. 풍력에너지도 중국의 성장이 괄목할만하다. 따라서 당장은 중국 주도의 환경오염으로 전 세계가 고민하지만, 앞으로 대체에너지의 성장을 통해 보다 나은 환경을 기대할 수도 있을지도 모른다.

3. 중국의 환경오염

수질오염

중국은 세계에서 5번째이자, 아시아에서 가장 긴 강인 황하강을 비롯하여 여러 강이 있는데 보통 북쪽과 남쪽을 나누어 설명한다. 북쪽에는 송-리아오강, 화이강, 황하강 등이 있으며, 남쪽에는 우리가 자주 들어본 양쯔강, 수강이 있다.

한국도 여름 한철에 호우가 집중되다보니 오는 비를 다 저장하지 못하고 강이나 바다로 대부분 흘려보낸다. 봄, 가을, 겨울에 심심치 않게 가뭄소식을 접하는 이유도 이러한 이유에서 연유한다. 지리적으로 가까운 중국도 별반 다르게 없다. 연강우량 대부분이 여름에 몰려

있어 홍수와 가뭄을 반복적으로 겪는 탓에 사용이 가능한 수자원은 중국도 그다지 많지 않다.

짐작하겠지만 중국은 대표적인 물 부족 국가다. 중국은 베이징의 1인당 물 사용량은 137㎥로 전 세계 평균의 1/4밖에 되지 않는다. 2000년대 중반 1인당 연간 물 사용량은 435㎥로 한국이 498㎥, 미국이 1,582㎥(2016년 기준)보다 훨씬 적은 수준이다.[10)]

그나마 중국의 수자원은 양쯔강과 주강 덕분에 북쪽과 비교하면 남쪽이 풍부한 편이다. 연간 재생가능한 지표수는 황하강이 74.4km³에 달하는 데 반해, 양쯔강은 999.9km³, 주강은 333.8km³로 양쯔강은 황하강보다 7배 많고, 주강은 9배가 더 많은 수자원을 보유하고 있다.[11)]

척박한 환경이 인간의 삶의 의지를 확고하게 만드는 것인지는 모르겠으나, 중국은 수자원이 부족한 북쪽을 중심으로 산업을 발전시켜 왔다. 중국 인구의 37%가 북쪽에 살고 있으며, 중국 인구의 45%가 5대강 유역에서 19%밖에 되지 않는 수자원에 의지하며 살고 있다. 즉, 처음부터 수질오염을 동반할 수밖에 없는 지리구조, 산업구조였다.[12)]

중국에서 인구가 증가하는 동시에 도시화, 산업화가 빠르게 진행되면서 중국의 물 사용량은 꾸준히 증가했다. 경제발전은 물 사용의 증가로 불러오지만, 경제가 발전할수록 오·폐수도 증가하는 법이다. 경공업, 중공업 따질 것 없이 모든 산업엔 상당한 물이 필요하고 엄청난 오염을 배출한다. 염색에도 엄청난 물이 필요하며 또 엄청난 폐수도 함께 쏟아낸다. 알루미늄, 철강을 생산할 때도 물은 여전히 필요하다.

그동안 산업발전으로 증가하는 오·폐수를 적절하게 처리하지 못해 강으로 바다로 가감 없이 방류되었다. 그냥 버려지는 하수는 2005년부터 10년간 무려 31%가 증가했다. 이는 심각한 수질오염을 초래했고, 오·폐수가 강으로 바다로 흘러갈수록 만성적인 물 부족도 모자라 수질오염으로 사용할 수 있는 물이 줄어드는 설상가상의 상황이 지속되었다.[13)]

심각한 수질오염을 유발한 또 다른 이유로는 중국의 낮은 에너지 효율성을 들 수 있다. 기술이 발전될수록 에너지효율도 함께 늘어나는 법이다.[14)] 그래서 기술의 발전 정도 혹은 국가 소득수준의 정도를 가로축으로 에너지효율을 세로축으로 놓고 비교했을 때 산 모양 혹은 위아래가 뒤집어진 U자가 되는 이유도 이에 비롯된다. 하지만 일정한 기술의 수준을 달성하기까진 엄청난 에너지를 소모한다. 현재 중국은 기술개발에 엄청난 투자를 추진하고 있다. 하지만 최근까지 에너지효율을 높여 오염을 줄이기보단 낮은 에너지효율에 대한 고민은 배제한 채 생산단가를 낮게 유지하는 전략을 선택해 왔다.

전 세계가 관심을 가지는 중국제품은 대개 고도의 기술이 필요한 하이엔드 테크놀로지 제품이 아니었기 때문에 중국은 전 세계가 값싼 중국제품을 사용할 때까지 꽤나 효과적이었다.

중국은 다른 선진국과 비교하여 같은 양의 산출물을 생산하기 위해 3배에서 많게는 10배가 더 많은 물을 소비해야 했다. 남들보다 더 많은 자원과 노동력이 투입이 되어도 워낙에 싼 노동력 덕분에 다른 국가보다 싼 가격을 유지할 수 있었다. 사실, 전 세계가 관심을 가지는 중국제품은 대개 고도의 기술이 필요한 하이엔드 테크놀로지 제품이 아니었기 때문에 중국은 전 세계가 값싼 중국제품을 사용할 때까지 꽤나 효과적이었다.

날이 갈수록 심각해지는 환경오염으로 중국에서도 환경오염을 규제하는 정책과 투자를 지속해 왔다. 문제는 대규모 사업장들은 환경오염과 관련한 규제들이 적용되었지만 향진기업은 예외였다는 점이다. 소규모사업장에서 발생하는 오염유발요인들을 통제하기란 쉽지 않았는데 문제는 이러한 소규모사업장이 너무 많았다.

환경오염이 심각해져 때문에 이전을 시키지만 당장 코앞에 오늘내일 먹고사는 문제가 닥치게 되면 환경오염은 뒷전일 수밖에 없다. 일례로, 화이강의 오염이 심각해지자 중국은 강유역에 있는 5천여 개의 공장을 폐쇄하거나 강제이전시켰다. 하지만 불과 2년 만에 1/3은 화이강 인근에 다시 돌아왔고 몰래 사업을 재개했다.[15]

1990년대까지만 해도 경제개발에 밀려 수질오염이 크게 주목받지 않았으나 경제에 미치는 악영향이 가시화되자 2010년대 들어서는 중앙정부를 중심으로 신경 써서 해결해야 할 우선 과제로서 수질 개선에 힘쓰고 있다. 2014년 리커창 총리가 3천300억 달러를 들여 수질오염을 30~50%까지 줄이겠다고 발표하기도 했다. 중국의 7대 강을 중심으로 엄청난 투자가 이루어지고 있는데 일부는 개선되기도 했다.

하지만 수질오염은 우리가 생각하는 것보다 심각한 수준이다. 중국의 물 부족과 오염문제는 중국에서 사업하는 투자자들에게도 상당한 위험요인이기도 하다. 베이징에 있는 한 NGO가 12,226개 수역을 조사했는데 67%만이 마실 수 있을 만한 물이었고, 1/5은 농업용수나 공업용수로만 사용이 가능하고 13%는 이마저도 사용이 불가능하다고 했다.[16] 하이강은 그중에서도 가장 오염이 심각하다. 중국정부가 7개 강유역을 포함하여 9개 지역으로 나누어 조사했는데 하이강 전체의 약 40%만이 인간이 정화했을 때 사용가능한 물로 조사되었다.[17]

부족한 물을 지하수로 충당했다. 물이 부족한 북쪽일수록 지하수의 의존도는 컸고, 일부 도시에선 지하수 의존도고 절반 가까이 됐다. 상황이 좀 나은 남쪽 지역도 지하수에 의존하긴 마찬가지였다. 수질오염으로 사용할만한 물이 역시 부족했기 때문이다. 중국 전역에서 무분별하게 지하수를 파내다보니 해를 거듭할수록 점점 깊은 곳에서 지하수를 찾아야 했다. 중국에선 수질오염은 물론 토양오염도 심각하다. 그런데 땅속에 있는 물이라고 멀쩡할 리가 없었다. 따라서 지하수 역시 심각한 오염문제로 정부의 주요한 고민거리 중 하나다.

대기오염

일반적으로 학교에서 스모그를 배울 때 1952년 영국 런던에서 발생했던 "그레이트스모그(Great smog)"가 가상 먼저 나오곤 한다. 1952년 6월 한 치 앞도 보이지 않던 날이 사나흘 정도 지속되었는데, 안개가 어찌나 심한지 운전은커녕 앞에 지나가는 행인도 잘 보이지 않을 정도였다고 한다.

날씨가 변하면서 며칠 지속되던 스모그는 사라졌지만 그레이트스

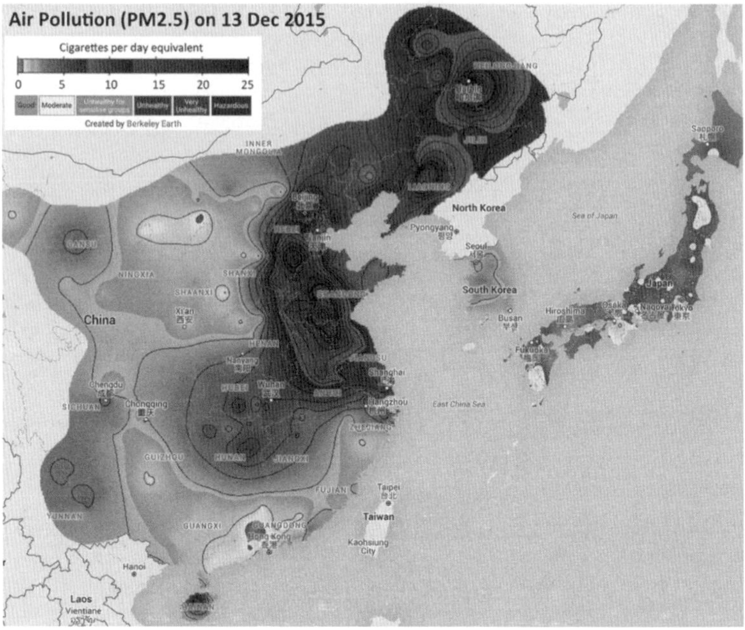

지도로 보는 중국의 대기오염 정도
(출처: Yang, B., Liu, Y., Hu, L., Zeng, X. (2017). Urgency to Assess the Health Impact of Ambient Air Pollution in China. *Advances in Experimental Medicine and Biology* 1017:1-6.)

모그로 인해 4천 명이 넘게 사망했으며, 10만 명이 각종 질병에 시달려야 했다. 이후에 나온 연구들을 보면, 스모그로 인한 사망자는 4천 명을 훨씬 뛰어넘어 1만~1만2천 명이 될 것이라 추산하기도 했다.

이때 당시 런던의 대기가 얼마나 심각했냐면, 이산화항이 대기에 쌓여, 아황산가스 최대 농도가 평상시 0.1ppm 정도에서 0.7ppm까지 치솟았고, 부유분진도 평상시 0.2mg/m^3에서 1.7mg/m^3까지 짙어졌다. 아 숫자만으로는 얼마나 심각한지 체감하기 어렵다. 한국과 비교해 보자. 2000년대 중반 인천의 아황산가스는 0.007ppm를 기록했다.[18)] 이

때 환경부는 국내에서도 인천의 대기질이 최악이라며, 수도권 대기 개선을 위해 종합대책을 강구할 것이라 발표했는데, 1952년 런던이 0.7ppm으로 한국에서 대기질로 가장 악명 높았던 인천의 100배 더 심했던 꼴이다.

그저 지나간 일이 아니다. 중국이 현대판 그레이트스모그를 겪고 있기 때문이다. 베이징-티엔진-허베이지역은 2006년부터 2017년까지 중국 전역에서 가장 심각한 대기오염을 보인 지역인데 북쪽 지역을 중심으로 아황산가스가 0.7ppm이 넘는 지역이 태반이었으며, 이 중에서도 아황산가스가 1.0ppm을 넘긴 지역도 있었다.[19] 대기질지수(Air Quality Index)라 하여 중국은 2020년 기준 전세계 국가 중 대기질지수가 14번째로 가장 나쁘다.

중국 정부의 각고의 노력으로 2015년 이후 꽤 많이 나아지긴 했으나, 2010년 초·중반까지 초미세먼지가 연평균 100㎍을 초과했다(한국은 0~15㎍까지 좋음, 35㎍까지 보통, 75㎍까지 나쁨, 76㎍부터 매우나쁨으로 초미세먼지를 안내한다). 현재 베이징의 초미세먼지 수준은 100㎍을 초과하던 2010년대 초반의 1/3수준인 38.84㎍으로 떨어졌다.[20] 하지만 2020년 베이징은 WHO권고수준의 6.9배 높다. 문제는 베이징만 눈에 띄게 개선이 되었을 뿐 충칭은 WHO권고수준의 14배, 청두는 29.6배 높은 대기질을 보이고 있는 등 베이징 이외 지역에서 대기질 개선은 아직 거북이걸음이다.[21]

어디서 이 많은 대기오염이 발생할까? 산업과 지리구조를 연관 지어 설명할 필요가 있다. 중국이 산업구조를 생각했을 때 천연자원이 많은 북쪽에, 그리고 사람이 많은 사는 북쪽에서 많이 발생한다. 그리고 지난 55년간 5배 많아진 황사[22] 때문에 북쪽의 대기오염이 훨씬 심해지고 있다.

세계 경제 2위인 중국이 석탄에 의존하는 산업구조를 형성하다보니, 전 세계 대기오염을 담당하고 있다고 해도 과언이 아니다.

세계 경제 2위인 중국이 석탄에 의존한 산업구조를 형성하다 보니 전 세계 대기오염을 담당하고 있다고 해도 과언이 아니다. 2005년 기준으로 전 세계에서 배출하는 온실가스의 1/3이 중국에서 발생하는데 이는 미국과 유럽이 합친 양보다 많다. 중국이 배출하는 오염물질 중 85%가 이산화탄소(CO_2)이며, 이는 대부분 중국이 에너지원의 60% 이상 의지하는 석탄 사용으로 인해 발생된다. 사실, 석탄은 이산화탄소 발생에 가장 직접적인 원인이기도 하다. 동일 양의 천연가스 사용했을 때의 2배, 석유보다 40% 이상 더 많은 이산화탄소를 발생시킨다.[23] 매년 겨울만 되면 석탄을 떼는 난방구조 때문에 대기오염은 훨씬 심각해진다.

베이징올림픽을 한창 준비하던 때 베이징에 있었다. 수업하고 기숙사에 들어오면 옷깃은 까매져 있고 코에서도 검은 때가 나와 오자마자 가장 먼저 씻는 버릇이 생겼다. 이후 겨울방학이 되면서 베이징 구오마오에 있는 삼성전자에서 잠깐 일을 배우게 되었다. 당시에 CCTV 건물도 짓고 있었는데 중간 다리 역할을 할 가운데 부분 건설이 한창이었다. 한국 건물 짓는 속도를 생각해 '한국으로 돌아갈 때까진 다 짓지 못하겠구나…….' 생각했었는데 금방이라도 완성할 기세로 엄청난 속도로 건물을 지었던 것으로 기억난다.

삼성전자 건물과 CCTV 건물은 차로 10분 거리. 그다지 멀지 않았다. 하지만 사계절 중에서도 대기오염이 가장 심했던 겨울이었다. 나는 CCTV 건물이 잘 연결되고 있는지 매일같이 밖을 쳐다봤지만, 건설현장은 항상 흐릿하게 보여 연결이 되고 있는지 아닌지 알 수 없었다. 안개를 머금은 겨울공기. 운치 있어 보이기엔 공기가 매캐했고, 나는 겨우내 심한 감기에서 벗어날 수 없었다.

세계사회가 중국의 오염물질 때문에 고민이 많지만, 이 때문에 당장 가장 고생하는 건 중국인이다. 중국의 대기오염은 우리가 생각하는 상상 이상으로 심각하다. 워싱턴포스트가 미국과 중국 10대 대기질이 최악인 도시 10개씩 뽑아 비교했다. 우선 대기오염이 가장 심각한 미국 10대 도시는 초미세먼지(PM2.5) 기준 13.8~18.2 사이였다. 가장 심각한 도시는 캘리포니아의 베이커필드(Bakerfield)로 18.2를 기록했다. 세계보건기구(WHO)가 권고수준 10.0으로 제시한 것보다 두 배가 안 되는 수준이다. 반면, 중국에서 가장 심각한 도시는 허베이성의 싱타이였다. 그 수치는 무려 155.2. WHO 권고수준의 15배가 넘었다. 중국의 도시들은 모두 WHO 권고 수준의 최소 10배가 훨씬 넘었다.[24)]

중국은 세계 공장으로 제조업이 환경오염의 주범이 된 것이라 생각할 수 있지만, 사실, 원인은 따로 있다. 환경오염 유발원인 중 질반 이상이 전력, 시멘트, 유리, 제철 생산 때문이었다.[25)] 2000년대 이후 사상 최대 경제 붐을 겪으면서 중국은 엄청난 내수시장 발전을 거듭해 왔다.

심각한 환경오염을 유발하는 산업의 성장을 중심으로 중국이 급속도로 성장하다 보니 최악의 대기질을 가진 10대 중국 도시 10개 중 일곱 군데가 허베이성인 것도 당연한 결과다. 앞서 말한 대기질이 최악이었던 베이징-티엔진-허베이 지역도 모두 동북부에 속한다. 베이징 인근에 위치한 허베이성은 중공업으로 유명한 지역으로 시멘트, 철강, 탄광업이 가장 활발하다. 허베이뿐만 아니라 동북부의 대부분 지역의 대기질은 인간에게 심각한 해를 입힐 정도로 대기오염이 심각하다. 중공업이 활발한 지역을 중심으로 중국의 대기오염은 심각하다.

환경오염 때문에 전 세계가 걱정하지만, 당장 가장 고생하는 건 중국인이다. 대기가 악화되면서 중국인들의 의료비용이 증가하고 있다.

최근에는 대기가 악화되면서 중국인들이 의료비용을 지출하는 비용이 증가하고 있다는 학계 소식도 들려온다. 초미세먼지가 1% 증가할수록 천식환자는 0.22% 증가하고, 이로 인해 의료기관 방문은 0.23% 증가했다.[26] 비율로 보았을 때는 그 수치가 커보이진 않을 수 있다. 하지만 환경오염으로 인한 중국인 전체 의료비로 생각해본다면, 1년 전보다 약 90억 달러, 약 10조6,500억 원을 더 소비하는 셈이니 환경오염으로 인한 경제지출이 어마어마하다. 환경오염으로 인해 예전 같았으면 쓰지 않아도 될 금액, 연 10조 원을 계속 써야 한다. 그리고 그 지출금액도 심각해지는 환경오염으로 증가하고 있다.

한국인만큼 중국의 대기오염을 심각하게 받아들이는 나라도 없다. 지리적인 위치로 인해 중국에서 만들어지는 황사, 각종 대기오염이 편서풍을 타고 서해를 거쳐 바로 한국에 상륙하기 때문이다. 한국 서해에 있는 화력발전소는 전 세계 화력발전소 중에서도 이산화탄소를 많이 배출한다고 알려졌다.[27] 따라서 한국 내에서 생산하는 대기오염도 한국의 심각한 미세먼지의 원인 중 하나겠으나, 중국이 겨울 난방을 시작했다는 소식과 함께 들려오는 미세먼지 소식은 중국발 미세먼지가 한국을 괴롭히고 있다는 생각을 좀처럼 지울 수 없게 만든다.

2021년 전라북도는 미세먼지, 초미세먼지, 오존, 아황산가스, 이산화질소, 이산화탄소를 막론하고 대기질이 20% 이상 크게 개선이 되었다고 발표했는데 그 이유로 코로나로 인해 위축된 중국의 산업활동을 꼽을 정도였다.[28]

안타깝게도 한국은 중국발 미세먼지로 고생하고 있지만 중국에 대놓고 대기오염을 줄이라고 복잡한 경제적 외교적 문제로 시원하게 목소리를 높이지 못한다. 그럼 중국은 다른 선진국처럼 환경오염에 어떠한 액션을 취할 수 있을까?

유럽과 북유럽, 일본에서 시행하는 환경개선을 위한 노력을 5가지로 나누어 설명할 수 있다. 엄격하고 강화된 환경법 적용, 탄소배출거래권과 같은 시장 메커니즘 조성, 오염배출업체에 대한 집단 소송을 통한 법적배상 시스템 구축, 환경보호단체의 활동 독려, 언론의 지속적인 활동이 이에 해당한다.[29] 이 중에서 엄격한 법 적용, 시장 메커니즘 조성, 법률체계 조정 등과 관련하여서는 이미 엄격한 법은 조성되어 있고 사안에 따라 엄격히 시행한 적도 있어 정부가 의지만 있다면, 적극적으로 시행할 수 있을 것으로 보인다. 하지만 환경보호단체 활동이나 언론의 지속적인 활동은 기존 규제와 지속적인 정부의 감시로 단기간엔 눈에 띄는 활동이 어려울 전망이다(중국은 각종 NGO 단체나 자선단체의 활동을 저지하지 않는다고 하지만 실제로 비영리단체로서 사회에서 적극적인 활동을 하기에 법적 제약이 많다).

2021년은 "제14차 5개년계획"을 수립하고 발표하던 해였다. 중국은 5년마다 전국차원의 정책을 세우기 때문에 앞으로 정부가 어떤 분야에 중점적으로 지원할지, 개혁을 단행할지 가늠할 수 있는 척도가 되기도 한다. 2000년대 초중반, 중국에서 환경오염 문제가 급부상하면서 경제활동에 위협으로 다가오자 2010년대 들어 5개년계획을 통해 환경개선을 위한 투자를 확대해 왔다. 참고로 중국은 2021년 제14차 5개년계획을 통해 2060년까지 "카본제로(Carbon neutrality)" 시대를 만들겠다고 선포했으며, 이를 위해 2035년까지 중국의 연료차 절반 이상을 전기차나 하이브리드 차로 대체할 것이라고 발표했다.

경제발전과 환경보호라는 이해관계가 상충할 때면 환경보호는 매번 뒤로 밀려났다. 하지만 환경보호가 산업적 측면에서 발전가능성을 확인하면서 투자를 확대하고 중국내 심각한 오염도 개선되기 시작했다. 여과 없이 강이나 바다로 흘러들어가던 오·폐수들은 크게 줄었고, 덕분에 중국의 주요한 강들은 눈에 띄게 개선되었다. 비록 베이징에만 국한하지만 대기질도 매년 개선되고 있다고 보고하고 있다.

지금까지 그래왔던 것처럼 중국 정부에서 논의를 통해 발표한 만큼 실제 이루어졌건 혹은 과장되어 발표했건 공식적으로는 중국이 발표한 만큼 목표를 달성할 것이다. 비록 실제 목표량을 채우지 못했다고 하더라도 중국이 환경을 위해 움직이는 액션 자체가 중요하다.

세계 2위 경제 대국이지만 세계 경제의 리더로서의 역할에 대해서는 의문을 가지는 나라들이 많다. 세계사회 리더로서 성공적으로 자리매김을 하기 위해서는 이제 현실로 다가오는 기후변화위기에서 중국의 역할이 가장 중요할 것으로 보인다.

환경보호와 감시

2000년대 중반 베이징에서 겨울학기가 끝나고 연말 분위기를 느끼고 싶었다. 마침 성탄절이기도 해서 학교 근처 교회에 갔다. 한국 교회에서 맞는 성탄절과는 분위기가 사뭇 달랐다. 찬송가를 부르고 중간중간 성경적 멘트를 늘어놓지만 내용은 기독교적이기보단 공산당 색채가 가득한 정치적 구호에 가까웠다. 예배를 드린 것 같기도 아닌 것 같기도 한 이 찝찝한 느낌을 뒤로 한 채 집으로 가기 위해 나섰는데 앞에는 여러 대의 공안차가 있었다. 나도 모르게 옷깃을 올리고 고개를 숙이고 뭔가 죄를 지은 것같은 느낌으로 공안차 옆을 지나갔다.

외국인들은 중국이 종교를 억압하고 시민단체의 활동을 제지한다고 생각하지만, 정작 중국에서는 종교도 시민단체도 법적으로 보장받는다. 이상하다. 합법적으로 보장해준다는데 나는 왜 그것도 성탄절날 교회를 다녀오며 움츠러들어야 했을까?

코로나 초기 중국에서 코로나에 대한 존재를 알렸던 의사, 공식적인 보도와 다르게 사망자가 넘쳐난 병원의 실태를 고발했던 언론인겸 변호사, 거리봉쇄로 인해 집안에 갇혀 매일을 기록했던 어느 개인, 모두 정부에 의해 구금되거나 반성문을 써야 했고, 이들의 온라인 기록은 모두 삭제되었다. 안타깝지만 모두가 예상한 결과였다.

정부의 감시와 통제는 종교, 코로나와 같은 민감한 사항은 물론이고, 환경보호라는 비교적 정치적 이슈에 덜 민감해보이는 분야도 마찬가지다. 중국은 집단활동을 상당히 경계하는데 이 모두가 정부가 두려워하는 여론조성과 집단활동을 통해 이루어지기 때문이다. 따라서 환경보호라는 체제전복과 다소 거리가 있는 이슈이더라도 개인이나 시민단체 주도로 진행되는 풀뿌리운동에 극도로 예민한 반응을 보인다.

아예 원천봉쇄한 건 아니다. 환경보호를 위해 중국 정부는 언론에 자주 환경문제를 노출시키거나 시민단체의 활동을 허용한다. 때로는 정부가 나서서 시민단체 활동에 대해 대중의 호응을 직접적으로 촉구하거나 간접적으로 조장하기도 한다. 하지만 정부가 효과적으로 대내외 정책을 실행하기 딱 좋을만큼만 여론을 형성하기 위해 시민단체를 영리하게 활용한다. 여론이 정부가 생각했던 것보다 더 악화된다면 언제든지 이들의 활동은 중단되고 기록은 삭제될 수 있다.

"언더더돔(Under the dome)"이라는 중국 다큐멘터리가 있었다. CCTV앵커였던 차이징이 중국 전역에 걸친 심각한 스모그 현상을 개인적인 경험을 담아 104분여 다큐멘터리로 만들었다. 다큐멘터리에서는 산시성에 사는 어린이는 대기오염으로 인해 파란 하늘과 하얀 구름을 본적이 없다고 해서 충격을 안겨주기도 했다.

2015년 2월 다큐멘터리가 공개되자마자 2주만에 조회수가 1.47억 명에 달할 정도로 임칭난 이슈를 불러왔다. 중국에서 유명한 웨이보에는 3.3억뷰와 74만 개 댓글이 작성되었다. 2013년 중국 사상 가장 심각했던 대기오염으로 모두가 나쁜 공기질에 대한 심각성을 느끼고 있던 참이라 발표시기가 적절하기도 했다.[30)]

다큐멘터리 발표 초기 다큐멘터리의 인기를 업고 중국 정부는 다큐멘터리에 대한 공공연하게 지지를 보내기도 했다. 그런데 갑자기 다큐멘터리는 금지되었다. 방영금지 조치 이후, 중국에서는 어떤 통로로던 다큐멘터리는 볼 수 없었다. 다큐멘터리가 대중에게 두려움을 준다는 이유에서였다. 제작자였던 차이징은 사비를 들여 제작했던 열의와 다르게 공식석상에서 다큐멘터리를 얘기하길 꺼려했다. 이후 뜨거웠던 여론은 구름같이 사라졌다.

10여년 전 정부의 감시에도 불구하고 인터넷상에서의 활동을 모두 막지 못할 것이라는 자유를 갈망하는 중국인에 세계인들이 박수를 보냈던 적이 있다. 자유가 정부의 감시를 이길 수 있을 것이라 그때는 그렇게 생각했다. 하지만 온라인상 중국 정부의 감시는 10여년 전보다 세세적이고 광범위해졌다. 정치적인 이슈 뿐만 아니라 세금탈루 연예인, 검은머리 외국인인 연예인, 사교육 저지, 온라인게임 활동 제재까지 문화, 예능, 오락, 스포츠를 불문하고, 정부가 정한 도덕과 윤리 잣대로 온·오프라인을 엄격하게 통제하고

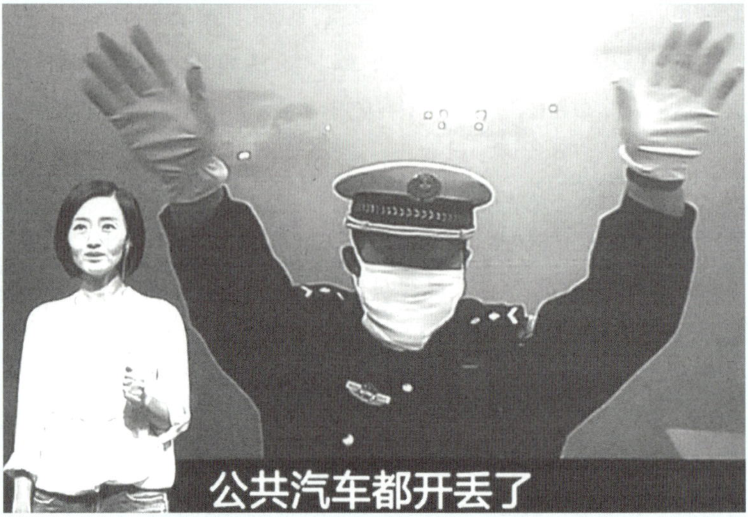

언더더돔 화면 일부
(출처: 사우스차이나모닝포스트 (2015).
Chinese elebrity's air pollution video stirs online dust-up. 3월 2일.)

있다. 따라서 중국인의 풀뿌리(buttom-up) 운동을 통한 환경보호보다 정부의 적극적인 정부정책을 통한 탑다운(top-down) 방식의 환경보호를 기대하는 것이 실효성이 있을 것이다.

참고문헌

1) BP Statistical Review of Global Energy

2) 경향신문(2021). 해외 배송 기간 70일?…우유부터 반도체까지 전 세계 덮친 물류 대란. 10월 20일.

3) Reuters (2021). *EU in talks with China on magnesium shortage*. October 22.

4) Kroeber, A. (2020). *China's Economy: What everyone needs to know* (2nd edition). Oxford University Press.

5) Naughton, B. (2018). *The Chinese Economy Adaptation and Growth* (2nd edition). the MIT press.

6) Kroeber, A. (2020). *China's Economy: What everyone needs to know* (2nd edition). Oxford University Press.

7) -----

8) -----

9) Naughton, B. (2018). *The Chinese Economy: Adaptation and Growth* (2nd edition). the MIT press.

10) Oh, J. (2021). *Making of an Urban Water Regime in China: Development of Public Private Partnerships in Jiangsu Province, 1994-2014*. PhD Dissertation, Graduate School of International Studies, Korea University.

11) -----

12) -----

13) -----

14) Kroeber, A. (2020). *China's Economy: What everyone needs to know* (2nd edition). Oxford University Press.

15) Economy, E. (2004). *The River Runs Black: The Environmental Challenge to China's Future: The Environmental Challenge to China's Future* (2nd edition). Cornell Unversity Press.

16) Webber, M. (2017). *Tackling China's water pollution*. Global Water Forum.

17) The Ministry of Ecology and Environment, the People's Republic of China, 2018.

18) 매일경제 (2005). 인천 7대 도시 중 대기질 '최악수준'.

19) Wang, Z., Zheng, F., Zhang, W., Want, S. (2008). *Analysis of SO2 Pollution Changes of Beijing-Tianjin-Hebei Region over China Based on OMI Observations*

from 2006 to 2017. Hindawi. Advanes in Meteorology. Research Article.

20) Statista.com (2021). Average annual PM2.5 air pollution levels in Beijing, China between 2010 and 2020

21) IQAir (2021). Air quality in China. Accessed at: https://www.iqair.com/china

22) 시사저널(2018). 영화같은 중국발 '슈퍼황사' 55년간 5배 증가. 11월 27일.

23) Kroeber, A. (2020). *China's Economy: What everyone needs to know* (2nd edition). Oxford University Press.

24) Washington Post (2015). *Worst air pollution in China and the U.S.* January 23.

25) Kroeber, A. (2020). *China's Economy: What everyone needs to know* (2nd edition). Oxford University Press.

26) Gu, H., Gao, Y., Elahi, E., Jha, S. (2018). Human health damages related to air pollution in China. *Environmental Science and Pollution Research* 26.

27) Grant,D., Zelinka, D., Mitova, S. (2021). *Reducing CO2 emissions by targeting the world's hyper-polluting power plants*. Environmental research Letters 16(9).

28) 뉴스원 (2021). 전북 대기질 크게 개선…중국 산업활동 위축 주요 영향. 11월 21일.

29) Kroeber, A. (2020). *China's Economy: What everyone needs to know* (2nd edition). Oxford University Press.

30) Forbes. (2015). *Only in China: Why A Smog Documantary Sends Chinese Stocks Soaring To Trading Limit*. May 2.

제7강

중국기업과 경제

제7강 중국기업과 경제

일반적으로 중국경제를 설명하는 책들은 기업을 앞부분에서 설명하곤 한다. 이 책은 가장 마지막 장에서 기업을 설명한다. 집을 지을 때 들어가 살 사람은 가장 나중에 등장한다. 지금까지 중국 정부라는 시공사가 중국경제란 집을 짓기 위해 땅을 평탄화하고 기둥을 세우고 벽을 세웠다. 지붕도 있고 집 앞뒤 환경이 어떠한지도 알아보았다. 이제 중국경제라는 집 안에 누가 사는지 볼 차례이다. 중국경제라는 집에 많은 이들이 살지만, 그중에서도 시장에서 가장 영향력이 큰 부류를 알아보려고 한다.

1979년 개방 이후 외국기업이 중국시장에서 비즈니스를 확대할 때까지만 해도 중국기업은 값싸고 단순한 제품을 만드는 기업에 불과했다. OEM을 통해 외국기업의 든든한 하청업체 역할을 해 중국기업의 성장이 괄목할만하다고 추켜세우기도 했지만 당시만 해도 중국기업의 브랜드밸류를 논할 가치도 없었다.

2010년대 초반에도 그게 다르진 않았다. 중국기업이 해외시장에서 점유율을 야금야금 확대하고 급기야 외국 선진기업을 인수할 때에도 시골촌뜨기가 북유럽의 세련된 처녀와 결혼한다며 애써 그 가치를 꺾아내렸나. 그런데 최근 몇 년, 중국기업의 위상은 급격히 달라졌다.

굳이 중국기업이라 밝히지 않으면 세계시장에서 뛰어난 디자인과 합리적인 가격으로 소비자들의 마음을 사로잡고도 남을 양질의 제품을 생산하여 이목을 끌기 시작했다.

세계무대에 화려하게 등장한 중국기업. 하지만 일반 외국기업을 평가하듯 중국기업을 판단한다면 이들의 역량과 비즈니스 전략을 오해하기 쉽다. 이 장에서는 국유기업인 듯 민간기업인 듯한 모호한 포지션의 중국기업과 이들의 특징과 민영기업은 어떤지 파악해본다.

1. 월드클래스 중국기업의 특징

세계시장에서 중국기업의 위상은 예전과는 사뭇 다르다. 애써 외면했던 중국기업들은 포춘 글로벌 500에 의하면, 세계 500대 기업에 2020년 124개나 이름을 올렸다.[1)] 2020년 기준 121개 기업을 가진 미국보다 많은 숫자로 중국이 1위이다. 매출기준 세계 500대 기업에 124개나 중국기업이라니……. 그런데 이상한 점이 있다. 내가 아는 중국기업은 그다지 많지 않다. 여기서 '내가 이렇게 무식했나…….'라고 생각하지 말기 바란다.

수입기준으로 중국기업이 124개나 있는 것은 맞지만, 브랜드 가치로 비교하자면 중국 브랜드의 가치가 미국의 절반도 되지 않는다. 내가 무식한 것이 아니라, '일반 소비자들이 알지 못하는 분야에 중국기업이 많이 포진되어 있나?'라는 정도로만 생각하면 적당할 듯싶다. 위

세계 500대 기업 중 상위에 있는 중국기업 일부

안이 아니라 사실이며 이것이 앞으로 배울 중국기업 특징의 핵심이다.

2008년 수입기준, 중국의 수입은 1조1천억 달러였다. 이때만 해도 세계 10위 기업에는 일본의 도요타 정도 기록될 뿐 일본의 도요타 외에 아시아뿐만 아니라 중국기업은 하나도 없었다. 2008년 세계금융위기에 한 번 휘청이고 나더니 2년 만에 중국기업의 수익은 1조9천억 달러, 약 2배 가까이 성장한다. 그러더니 중국기업이 7위와 8위에 시노펙(中国石化, Sinopec)과 스테이트그리드(国家电网, State Grid)가 등장한다. 2010년 세계 4위던 중국은 2012년 중국기업 수익합계가 4조 달러에 달하며 세계 2위에 안착한다. 일본을 추월한 것이다. 한국은 7천억 달러로 세계 8위였다.

이때 중국석유천연가스그룹(中国石油, China National Petroleum, CNPC)

도 세계 10위 기업으로 등장한다. 10개 중 3개 기업이 중국기업이다. 2008년 세계 5위이던 도요타는 세계 10위 기업으로 밀려났다. 2020년 중국기업의 수익은 8조3천억 달러에 육박한다. 동일년도 9조8천억 달러인 미국과 비슷한 수준이다. 세계 500대 기업에 이름을 올리는 중국 기업의 개수도 2년마다 20개씩 증가하더니 2020년 이내 미국을 추월해 세계 1위가 되었다.[2)]

세계 500대 기업에 이름을 올린 미국의 기업들은 금융, 헬스케어, 에너지, 기술, 소매이며, 독일은 자동사, 금융, 에너지, 헬스케어, 교통이 주로 이룬다. 반면 중국은 금융, 에너지, 소재, 도매, 건설 분야가 주를 이룬다. 세계 10대 기업을 보면 수익 기준으로 월마트, 시노펙, 스테이트그리드, CNPC, 로얄더치쉘(Royal Dutch Shell) 순이다. 월마트를 빼면 소비자들에게 그다지 친숙하지 않은 브랜드들이다. 즉, 소비자를 직접 상대하는 B2C산업들보다 기업대기업(B2B), 혹은 기업대정부(B2G)산업들이 상위 기업에 포진하고 있어 소비자들은 친숙하지 않다.

세계 10대 기업에 이름을 올린 중국기업은 모두 에너지와 관련된 기업들이었다. 사실, 시장이 엄청 크지만, 우리가 모르는 산업이 상당히 많다. 2019년 일본의 화이트리스트 배제사건으로 한국에서 이슈가 되어 알게 된 소부장(소재·부품·장비), 이슈가 되기 전엔 시장규모가 크고 시장의 발전 가능성도 상당히 있음에도 불구하고 일반 소비자가 잘 알지 못하는 분야였다.

소부장처럼 물시장도 일반인들이 익숙지 않은 분야 중 하나다. 상하수도와 같은 물산업은 정부나 기업들을 대상으로 영업을 하지, 일반 소비자를 직접 상대하지 않는다. 편의점에서 마시는 물은 좋아하는 브랜드를 따라 고르지만, 수돗물이나 생활하수 서비스를 제공하는 회사는 가정별로 선호에 따라 선택하지 않기 때문이다. 하지만 2025년 세계 물시장 규모는 1천조 원에 달할 것으로 전망하고 있다. 2020년 기준 반도체 시장은 520조 원이 되니 두 배 정도 되는 셈이다.[3)]

따라서 물시장이 아무리 크더라도 일반 소비자가 물시장에 대해 관심을 가지긴 상당히 어렵다. 에너지 분야도 마찬가지다. 수익 기준 세계 10대 기업에 이름을 올린 중국기업 모두 우리식으로 표현하자면 석유공사나 전기공사로 에너지 분야에 속한다.

중국기업의 다른 특징은 500대 기업에 속해있는 중국기업의 상당수가 국유기업이란 점이다. 124개 기업 중 국유기업이 무려 91개나 있다. 4개 중 3개가 중국 정부의 관리 감독을 받고 있는 정부 소유 기업이란 뜻이다. 그럼 단순하게 다음과 같이 추리할 수 있다. '세계 500대 기업에 이름을 올린 세계적인 중국기업 상당수는 주로 소재, 에너지와 같은 일반적인 소비자가 익숙하지 않은 분야의 국유기업이다.'

2. 1995년 국유기업의 개혁과 변천

이들은 어떻게 성장했을까? 중국은 1990년대 말 엄청난 국유기업의 개혁을 단행했다. 당시 엄청나게 많은 기업이 문을 닫았고 합병이 되었으며 상당수 민간기업으로 이전되었다. 그래서 상당수 사람이 중국에는 국유기업이 많지 않을 것으로 생각한다. 그렇다면 오산이다. 많은 기업이 민영화가 되었지만, 중국 정부는 전부 시장에 내주지 않았다. 정부는 국가안보와 직결되는 기간산업과 아닌 산업을 분류했고, 정부가 관리하는 국유기업도 중앙정부와 지방정부에서 관리하는 기업을 구분하여 책임과 권한을 명확히 했다. 따라서 중국 정부가 직접 키울 핵심산업, 안보와 직결되는 핵심산업은 여전히 중국 정부 소유로 있으며, 중국은 여전히 국유기업 중심의 경제구조를 띄고 있다.

지속적으로 구조조정을 추진했고, 국유기업의 자산을 대거 팔았던 1990년대 말 국유기업개혁과 달리, 2000년대 이후 정부가 공을 들여 키워온 국유기업 상당수가 세계시장에서 세계적인 매머드급 기업으로 손꼽힐 만큼 커졌다. 중국 국유기업의 발전은 세계적인 기업으로서 명성을 높일 뿐만 아니라 국유기업이 중국경제에서 차지하는 역할과 영향력이 확대되고 있다. 이는 정부가 국유기업을 통해 얻는 정치적 효과도 같이 증가한다는 것을 의미한다.

중국 정부가 어떻게 국유기업을 바라보는지 생각해볼 필요가 있다. 비록 국유기업이 효율성이 떨어진다는 인식이 있지만 그렇다고 모두 민영화하기엔 중국 정부가 아쉬운 점이 상당히 많다. 특히 요즘 들어선 국유기업을 통해 중국 정부가 취할 이득이 다방면으로 많기 때문에 운영상 낮은 효율성은 국유기업의 존폐를 결정할 중요한 문제가 아니다.

우선, 정부는 국유기업을 통해 자본집약적 산업에 자원을 최대화하여 경제에 긍정적인 이득을 가져다줄 수 있다. 또한, 시장이 적절하게 돌아가지 않을 때 국유기업의 고용 확대 등을 통하여 경제 안정성을 꾀하는 데 도움을 줄 수도 있다. 그뿐만 아니라 정부는 안보와 직결될 수 있는 기간산업을 국유기업을 통해 효과적으로 통제할 수도 있다.[4] 정부가 시장에 직접적으로 관여하기엔 여러 제약이 많다. 하지만 국유기업을 통해 간접적으로 티나지 않게 시장개입할 수 있다. 수단이나 아프가니스탄에 지원하는 것도 외교적으로 민감한 사항도 사안에 따라 국유기업의 틀로 진행할 수도 있다. 따라서 중국 정부 입상에선 국유기업이 아주 유용한 수단이 된다.

정부가 "큰 건 쥐고, 작은 건 내주자(抓大放小)"라는 구호로 국유기업을 대대적인 개혁을 단행할 당시, 핵심기간산업은 국유기업으로 두고 소매업과 여행업과 같이 안보와 상관이 없는 덜 중요한 산업을 중심으로 적극적인 민영화를 추진했다.[5]

기간산업이란 국가안보와 직결되는 산업들로 주로 항로, 철로, 텔레콤, 전력, 석유나 가스, 석탄과 같은 에너지, 철강, 알루미늄과 같은 중공업, 도로, 댐, 항구와 같은 인프라시설, 군시설과 장비 등이 이에 해당한다. 생각해 보면 기간산업들은 대부분 크다. 그리고 소매업이나 여행업은 대부분 규모가 작다. 이후 민간에게 넘어간 기업들은 시장경제의 흐름에 따라 자생하도록 두고 남아있는 국영기업들은 규모를 진략적으로 키워나갔다.

국유기업 개혁당시 중국 정부의 최대 관심사는 만성적자를 면치 못하는 국유기업의 효율성 증내였다. 어떻게 국유기업의 효율성을 높일 수 있을까? 1984년 계약책임제(Contract responsibility system, CRS)를 도입해 관리자들에게 수익이 향상되면 보너스를 지급하는 인센티브 시스템을 도입했다. 획기적이긴 했지만, 개혁 초기 특유의 분위기와 3~5년 단위 단기계약으로서는 궁극적인 기업의 효율성 증대를 기대하기는 한계가 있었다. 이후 정부는 기업에 대한 소유와 경영의 개념을 분리시킨다.[6)]

> 국유기업 개혁당시 중국 정부의 최대 관심사는 국유기업의 효율성 증대였다.

시장구조에도 손을 보았다. 당시 독점구도에서는 국유기업의 효율성을 향상시키는데 한계가 있다고 산업 전반에 경쟁구도를 조성한다. 예를 들어 정부가 산하기관이었던 전력부는 해산하여 5개 전력 업체와 2개 지역배전업체로 나누었다.[7)] 이때 탄생한 스테이트그리드는 2017년 기준 9만 명이 넘는 직원과 함께 3천630억 달러의 매출을 올리는 세계 3위 기업(2020 기준)으로 성장했다. 비슷한 시기 항공국은 3개 항공사로 분할되었다. 중국에 여행을 가본 사람들은 한 번쯤 다 타봤을 항공사들로, 중국국제항공, 국제동방항공, 중국남방항공이 이에 해당한다. 중요한 산업들은 3~5개 정도 대형기업으로 분할했지만 이 숫자는 산업의 특성과 크기에 따라 수백 개로 분할 및 조정되었다.

중국은 국유기업을 외국투자자에게 노출시켜 세계적인 기업으로 보이게끔 했다. 세계적인 기업도 아니고 세계적인 기업으로 보이게끔 했다는 말은 이상하게 들린다. 중국은 션쩐과 상하이 주식시장을 만들어 중국기업 1천여 개를 상장했다. 그리고 외국인 투자자에게 그 주식을 살 수 있게 했다.

2020년부터 동학개미운동이 유행처럼 번지기도 해서 국내 소액주주가 많아지긴 했어도 한국 주식시장에서는 외국인의 영향력이 상당히 크다. 중국의 주식시장을 한국이나 미국처럼 생각했을 때에는 외국인에게 주식을 공개한다는 것을 두고 한국처럼 외국인에게 중국기업을 투명하게 공개하는 것처럼 보일 수도 있다.

하지만 중국은 외국인투자자가 경영활동에 영향을 줄 수 있을 만큼 주식을 허용하지 않았다. 주식의 상당수는 중국 정부가 소유하고 있는 반면, 외국인을 비롯한 민간영역은 모두 합쳐 기업 주식의 10~20%만 차지할 수 있을 뿐이다. 주식으로 기업을 어느 정도 성장하는 데 도움을 주긴 하지만 냉정하게 말해서 외국에서 투자를 받지 않는다고 큰 문제가 되지도 않는다. 중국기업이 주식시장에 기업을 상장해도 투명한 선진국의 외국기업처럼 기업공개요구에 예민하게 반응하지 않는 이유도 주식시장의 한계 때문이기도 하다.

중국이 애초에 주식시장을 설립한 까닭은 외부시스템을 통한 투명성 강화와 효율성 증대가 아니었다. 시장경제의 자유를 통해 경제활성화가 아닌 사회불안정의 근원을 통제하겠다는 필요성 때문이었다. 상하이와 선쩐 증시는 처음부터 정부의 이익에 부합하는 가격과 투자자만 존재할 수 있는 통제된 거래환경을 제공하는데 목적이었다.[8] 어쨌든 세계시장에 중국기업을 노출시킴으로서 세계시장의 룰에 맞게 경쟁하는 것처럼 보일 뿐만 아니라 중국기업이 외국자본도 어느 정도 유치하고 세계시장에서 경쟁할 수 있는 규모가 되도록 맷집을 커지게끔 훈련시킬 수 있어[9] 중국 정부 입장에선 여러모로 효용가치가 있었다.

위에서 언급한 물시장 얘기를 다시금 해 보자. 세계 50대 물기업에 중국기업이 20개 이상 이름을 올렸다. 중국기업들은 프랑스나 영국의 세계 일류기업처럼 기술이 뛰어나거나 시장을 주도해온 오랜 역사 때문이 아니다. 그런데 거의 모든 기업이 중국 내 매출로만 세계적인 기업이 되었다.

2000년대 중반 베이징대학교 광화관리학원에서 수업을 들을 때였다. 교수님은 수업하다 말고 난데없이 이런 얘기했다. "중국기업들은 세계시장을 공략할 필요가 없다. 중국 시장만 공략해도 세계적인 기업이 된다." 그 교수님은 아주 확신에 차있었고 중국인임을 아주 자랑스러워 하는 것 같았다.

실제 세계적인 기업에 이름을 올린 중국기업의 영업 타깃은 중국 시장에 있다. 2000년대 중반에 자랑삼아 한 교수의 수업 중 잡담은 현실이 되었다. 중국 시장의 규모를 익히 알기에 외국기업이 기어코 중국 시장에 진출하고자 하는 가장 결정적인 이유이기도 하다.

중국은 지리적으로 가까운 국가들의 성공적인 발전을 보며 중국기업에 적용할만한 롤모델을 고민했다. 1990년대 말 국유기업 개혁 당시 대표적인 동아시아 성공모델로 일본의 게이레츄(일본계열기업, 系列, Keiretsu)와 한국의 재벌을 두고 중국은 많은 고민이 있었다.

일본의 게이레츄 모델은 은행을 중심으로 여러 산업으로 비즈니스를 확장한 전형적인 일본기업형태를 말한다. 장기적인 관점에서 과감한 투자와 운영을 할 수 있고, 외국투자자의 영향도 덜 받는다는 점에서 장점이 있지만, 일본경제 붕괴 이후 힘을 제대로 발휘하지 못하는 일본기업의 형태를 그대로 차용하기엔 난감했다.[10)]

그렇다고 한국의 재벌을 가져오기에도 여러모로 꺼림칙했다. 일본과 달리 한국의 재벌은 은행을 소유하고 있지 않기 때문에 정부가 은행을 철저하게 규제함으로써 재벌들을 통제할 수 있어 보였다. 재벌들도 자신들의 개인적인 이익을 위해 사업 확장에 열심인지라 정부는 손쉽게 경제도 부흥시키고 재벌들도 정부의 방침대로 이끌어갈 수 있을 듯 보였다. 그런데 1997년 IMF 때 중소기업은 물론 대기업들도 도미노처럼 넘어지는 것을 목격했다. 외부경제에 취약한 한국을 보며 재벌을 활용한 경제성장도 위험해 보였다.[11)]

국유기업을 개혁하는 목적은 단순히 국유기업의 경영효율성 개선을 통한 경제부흥이 아니었다. 기업의 효율성도 개선시키지만 정부의 경제정책이 효과를 보게끔 경제를 예상 가능한 범위 안에 두고자하는 기대도 있었다. 따라서 복합적인 목적을 달성하기 위해 국유기업을 전략적으로 개혁했다.

우선, 일본의 은행보다는 작은 규모의 은행설립을 허가했다. 기업이 사업을 확장하는 데 어느 정도 융통할 수 있기도 했고, 중국 정부가 다른 기업에 자금을 지원할 때에도 유용하게 쓰였다. 하지만 일본보다 기업이 소유한 은행의 규모는 작았기 때문에 대규모 인프라건설 프로젝트 등에는 중국 국책은행의 지원이 절대적이었다.

또한, 중국은 한국보다 더 직접적인 영향력을 행사하게끔 전략을 세운다. 한국이 은행을 통제하여 대기업이 국정운영에 부합하는 경영활동을 유도했지만, 사기업이니만큼 모든 사업에 직접적인 경영활동 개입은 어려웠다. 중국은 중앙정부의 기관을 통해 기업의 핵심인사를 친정부인사로 안배함으로써 정책의 효과를 극대화한다. 상당히 많은 국유기업이 민영화가 되었으나, 정부가 중요시 하는 핵심산업은 대부분 국유기업으로 남겨두었으니 중국이 관심만 가지면 얼마든지 기업 운영에 개입할 수 있었다.

중국은 점차 국유기업의 합병을 통해 규모를 키워갔다. 국유기업의 개수는 줄어드는 반면 이들의 자산이 급속히 증가하는 것도 이러한 연유에서 비롯된다.

세계적인 플레이어가 될 수 있도록 크게 키우지만 국유기업의 역할과 한계를 분명히 했다. 중국의 국유기업은 일본이나 한국처럼 문어발식 경영을 지양했다. 이는 국유기업과 달리 산업 전반에 걸친 경영을 통해 기업의 규모를 쉽게 키워온 민영기업과 가장 큰 차이점이기도 하다.

그렇다고 한국기업을 벤치마킹하지 않은 건 아니다. 중국정부가 국유기업 전체에 한국식 재벌구조를 적용하지 않았으나 개별기업들은 한국에서 가장 성공한 기업들을 적극적으로 벤치마킹했다. 세계가전제품 3위로 등극한 하이얼(海尔, Haier)은 산둥성 칭다오에 있다. 성공적인 국유기업으로 알려진 이 하이얼은 주로 냉장고, 세탁기, 텔레비전을 생산하는 것으로 알려져 있다. 한때 하이얼 와인냉장고가 한국에서 인기이기도 했다.

2000년대 중반, 하이얼을 방문했을 때에는 중국에서 급성장하고 있던 시기였다. 지금에야 중국이 콧대가 높아 쉽게 만나 주지 않지만 그때 만해도 한국에서 손님이 오면 극진한 접대를 해줄 때라 별 볼일 없는 한국 학생 견학에도 환대를 해주었다. 하이얼은 삼성전자의 사업 확장하기 위한 전략을 분석하고 적극적으로 벤치마킹하고 있다고 홍보했다. 삼성전략 중 어떠한 부분이 가장 관심이 있으며 적극적으로 미래 성장전략으로 반영하고 있다고 설명했다. 세계적인 기업으로 발돋움하는데 삼성의 전략이 꼭 필요하다고 어필하는 듯했다. 그중 가장 기억나는 건 하이얼 관계자는 성균관대학교 학생으로 온 우리에게 호감이 있다는 태도를 보이고 싶었는지, 삼성에는 성균관대학교가 있듯이 하이얼에는 칭다오대학교가 있다고 홍보하기도 했다. 당시 홍보관에 전시된 하이얼 제품들은 딱히 성에 차지 않을 만큼 별로였다.

기술은 세계기준과 비교하기엔 턱없이 낮았지만 기술혁신을 거듭하면서 국내시장 점유율을 빠르게 확대했다. 이후 2000년대 후반에 들면서 세계시장에서도 점유율을 눈에 띄게 확대해간다. 2010년 중국의 이름 모를 자동차회사가 볼보를 인수하면서 예전과 다른 중국의 위상이 다시금 화제가 되기도 했다. 이 시기 지리자동차(吉利汽车, Geely Auto) 뿐만 아니라 자금력을 상당히 확보한 중국의 기업들이 세계적인 회사를 인수하기 시작했는데 하이얼도 같은 전략을 취한 기업 중 하나였다. 2011년 일본회사인 산요(三洋電機, SANYO Electric)의 가전사업을 인수한데 이어, 2016년에는 미국기업 GE의 가전사업부를 54억 달러(약 6조5천억 원)에 인수하는 등 세계적으로 세를 확장하고 있다.[12]

3. 효율과 활용 사이, 국유기업

국유기업의 개혁은 2000년대 중반에 들어서면서 효율성 증대보단 정부의 정책을 효율적으로 수행할 수 있는 정부 기관으로서의 역할을 강화시킨다. 일반적으로 주식을 살 때 가장 기본적으로 보는 기업의 성적표는 ROE(Return on Equity, 자기자본이익률), ROA(Return on Asset, 총자산이익률), ROS(Return on Sales, 매출수익률) 정도 된다. 한국에서 주식 열풍이 불 때 이 요소를 설명하는 유튜브 영상이 핫했던 것으로 기억한다. ROE, ROA, ROS가 높을수록 자산을 통해 돈을 더 많이 버는 기업으로 투자가능성이 높다. 애플의 ROA는 2020년 기준 17.3%, ROE는 73.7%였다. 동년도 삼성전자는 ROA 7.2%, ROE 9.9% 정도이다. ROA와 ROE만 보았을 때는 삼성전자보다 애플이 훨씬 투자 가치가 있어 보이는 회사다.

에너지, 소재 분야에 많이 포진해있는 산업의 특성상 애플이나 삼성전자의 ROE, ROA 등으로 단순히 비교하기엔 어려움이 많다. 하지만, 애플과 삼성전자와 비교하지 않더라도, 실제 중국기업의 재무제표의 연도별 변화추이를 보면, ROE는 1998년 0.4%에서 2006년 12%까지, ROA는 1998년 2.1%에서 207년 6.4%까지 상승한다. ROE, ROA, ROS 모두 2000년 중반까지 상승하다가 2000년대 중반을 기점으로 꾸준히 하락해 2016년 ROE는 4.8%, ROA는 2.7%까지 떨어졌다.[13] 중국기업의 ROE, ROA 성적만 놓고 보았을 때 절대 투자하고 싶은 기업으로 보이진 않는다.

경영면에서 국유기업의 효율성은 점차 떨어졌지만, 기업간 합병을 통해 자산은 꾸준하게 증가했다. 약 17만 개가 있는 것으로 파악하고 있는데 2015년 정부 발표에 따르면, 이들의 수는 꾸준히 감소했던 반면, 자산은 141조 위안으로[14] GDP의 두 배(2015년 기준 중국 GDP는 70조5천억 위안이었다)가 넘는다. 국유기업의 효율성 개선보다 중국경제에 긍정적으로 활용하는 것을 중요시 하는 국유기업 운영전략은 2013년 시진핑 정부가 들어서면서 더욱 강화된다.

국유기업의 민영화, 구조조정 등 국유기업의 경영개선을 위한 많은 개혁으로 기업의 자유로운 경영활동을 보장하는 듯하지만, 사실 중국은 국유기업을 통제하기 위해 오랜 기간 많은 공을 들여왔다. 국유기업 중 중요한 기업으로 분류된 1/3 기업은 중앙정부가 2003년에 설립한 국영자산관리감독위원회(国务院国有资产监督管理委员会, State-owned Assets Supervision and Administration Commission of the State Council, SASAC)라는 기구를 통해 관리되고 있으며, 나머지는 지방정부에서 관리한다. SASAC는 국유기업의 관리자들을 평가함으로써 인사권을 행사한다. 중앙정부 산하 SASAC는 200여 개가 안 되는 국유기업을 관리한다. 겉으로 보아선 SASAC의 권한이 그렇게 클까도 싶지만, SASAC가 관리하는 국유기업들은 수천 개의 자회사를 거느리고 있다. 국유기업 중 핵심 우두머리를 집중 관리함으로써 나머지기업은 자연스럽게 정부의 정책에 맞춘 적극적인 사업운영을 하도록 시스템을 구축했다.

SASAC은 업무성과를 토대로 마치 학점처럼 최고경영자를 A부터 E까지 점수를 매기고[15] 이를 노대로 인사권을 행사한다. 따라서 중국

정부가 심혈을 기울이는 분야를 중심으로 대형국유기업이 정부산하 기관으로부터 직접적인 평가 및 관리를 받고 있기 때문에 정부가 국유기업을 통해 중국경제 전반을 직·간접적으로 통제 및 관리한다고 볼 수 있다. 겉으로 보기엔 투명한 시스템으로 운영되는 것으로 보인다. 하지만 더 좋은 평가를 받기 위한 정부 관료와 기업인 간의 보이지 않는 야합이 존재하며 서로 눈치싸움과 경쟁이 치열하다.

합리적인 의심이라고 할 만한 것이 SASAC에서 일정기간마다 최고 경영자들을 평가할 때 이 ROE, ROA, ROS를 중요한 경영평가요소로 고려하는데 2000년대 중반 이후부터 꾸준히 감소하는 추세를 보인다. 투명한 평가시스템이라면 경영진을 전면교체하고도 남을 만하다. 평가시스템은 투명하게 보이고자 하는 일종의 요식행위일 뿐 인사결정에 객관적인 성적보다 정치적인 이해관계가 더 중요한 요소가 아닌가 의심마저 든다.

4. 다른 듯 비슷한 민영기업

중국경제에서 국유기업의 역할이 상당하지만, 민영기업이 중국경제에 끼치는 영향은 국유기업 못지않다. 기간산업보다 일반 소비자와 직접 접하는 분야를 중심으로 성장했기 때문에 앞으로 서비스산업과 IT산업의 강세를 보일 미래에 민영기업들은 중국경제를 이끌어가는 추진력이 될 것으로 예상된다.

민영기업은 국유기업과 비슷한 듯 다르다. 우선, 민영기업의 85%가 가족 중심 경영구조를 택하고 있다. 한국의 재벌과 유사하며, 이들은 한국처럼 문어발식 경영으로 세를 확장한다는 점에서 국유기업과 가장 큰 차이를 지닌다.

그런데 민영기업 오너의 상당수는 공산당원이다. 정치적 프로필이 사업 확장에 긍정적으로 작용하기 때문이다. 정부 관계자와 깊은 커넥션을 형성하기 위해서는 공산당원으로서의 활동이 어떤 사회활동보다 유용하다고 판단했다.[16] 기업들 홈페이지에서는 기업의 독특한 경영정신, 문화보다는 정부와 협력적인 관계를 바탕으로 중국의 발전에 상당한 이바지하고 있다는 내용을 자랑삼아 공공연히 소개하기도 한다. 언뜻 보면 민영기업인지 국영기관 홈페이지인지 헷갈릴 정도이다. 정부 관료와 사적인 유대관계를 쌓기는 어렵지만 일단 친밀한 관계를 형성하고 나면, 생소한 분야에 사업을 확장하는 것은 일사천리로 진행할 수 있었다.

무리한 사업 확장으로 궁지에 몰린 헝다(中国恒大集团, Evergrande)도 이와 비슷한 사례다. 부동산개발사업으로 큰돈을 벌었던 헝다는 1997년 설립하여 중국부동산개발업계 2위, 포춘에서 선정한 세계 500대 기업 중 122위으로 성장한 대형기업이다. 부동산의 성공을 바탕으로 자동차나 헬스케어 분야는 미지의 세계였다. 생면부지 사업에 왜 뛰어들었는지 다소 무모해 보일 수도 있다. 하지만, 중국 시장에서 정부 관료와의 두터운 친분관계를 쌓는 데 투자하는 비용이 본인의 전문 분야 사업을 확장하는 비용이 더 많이 든다는 것은 모두들 알고 있었다. 결국, 다른 산업에서 이렇다 할 성과를 내지 못한 헝다는 자금난을 면치 못했다. 반면 같은 지역에서 비슷한 시기에 설립한 국유기업, 폴리(保利南方集团, Poly Real Estate Group)는 중국 부동산업계 6위로 상업, 주거, 호텔 건설 등 부동산과 관련된 사업에만 집중했다.

복잡하게 얽히고 설킨 관료와 기업인간 관계 때문에 종종 사기업의 실패일지라도 경영인의 문책으로만 끝나지 않을 때가 있다. 이른바 헝다 사태로 인해 광둥성 광저우시의 당서기와 시장이 같은 날 동시에 사임됐다. 겉으로는 8천 그루 벌목과 그로인한 생태환경 파괴라는 명목으로 다른 이유로 인해 인사가 결정되었다. 그동안 환경보호와 경제개발 논리에서 매번 경제개발을 우선시하던 것과 비교해볼 때 중국의 급작스럽고 과장되어 보이는 환경사랑은 자연스럽게 이해가 되지 않는다. 더군다나 시장 한명도 아니고, 당서기와 시장을 동시에 해임하는 초유의 일을 벌목으로 인한 환경파괴라고만 설명하는 것이 궁색하기 짝이 없다. 따라서 광둥성에 기반을 둔 헝다의 디폴트 사태에 책임을 진 것이라는 의견이 지배적이다.[17]

정부와 무관한 아주 능력 있는 개인이 아주 글로벌한 네트워크를 구축해 세계적인 중국의 민영기업으로 보이지만 중국 정부가 최소한의 지분을 가지고 관리하는 하이브리드 기업(2강 향진기업에서 말한 하이브리드격 기업과는 다른 의미이다)도 많다. 이 하이브리드 기업은 중국 정부의 관리를 받는 모기업을 통해 우회적으로 하이브리드 기업에 영향력을 행사한다.

레노보가 중국기업이라는 것은 IBM인수를 통해 많이 알려진 사실이지만 이전까지도 많은 이들이 대만기업으로 알고 있었다. 그럴 만도 한 것이, 설립 당시 단순 컴퓨터 부품 조립회사로 대만에 베이스를 두고 경영활동을 진행했기 때문이다. 레전드라는 이름에서 레노보로 회사명을 바꾸고 2004년 IBM의 PC사업부를 인수하면서 본격적으로 컴퓨터 회사로 성장했다. 대만에서 생산하며, 상당수 투자자금은 미국으로부터 받았지만, 레노보의 지분은 중국학술연구기관인 중국과학원(中國科學院, Chinese Academy of Sciences)에 있다.[18)]

민영기업은 정부 관료와 긴밀한 관계를 통해 사업을 확장하다 보니 단기적으로 사업의 수익성을 보고 투자하거나 사업을 추진하기보다 당장 기업에 손해를 보더라도 장기적으로 정부와의 지속적이고 공고한 관계를 위해 정부의 방침에 따라 사업을 포기하는 예도 많다. 따라서 민영기업은 철저히 개인의 능력에 따라 개인적인 부를 위해 기업을 영위하기 때문에 외형적으로 다르게 보이지만, 이러한 면에서 소유자가 일반인이지만 사실상 국유기업과 크게 다르지 않다.

중국 정부의 영향력은 국유기업과 민영기업을 막론하고 커지고 있다. 중국은 세계 경제가 정해놓은 시장시스템을 따르는 듯 보이지만 적어도 중국 시장에서 중국 정부는 합법적인 듯하면서도 아닌 것 같기도 한 보이지 않는 거대한 영향력을 행사하고 있다. 세계적인 기업총수가 순식간에 행방불명이 되었다가 몇 개월 뒤 수척해진 얼굴로 정부의 정책을 옹호하며 등장하는 것이 외국인의 눈으로서는 경악스럽지만, 중국에서는 지극히 자연스러운 과정으로 비춰지기도 한다. 노골적으로 커지는 중국 정부의 영향력은 외국기업 입장에서는 안정적인 경영활동을 저해하는 상당한 정치적 위협요인으로 다가올 수밖에 없다.

그럼에도 불구하고 세계적인 기업으로 성장하는 중국기업의 강세는 14억 인구라는 거대한 내수시장을 바탕으로 상당 기간 지속될 것으로 보인다. 럭셔리브랜드들은 중국 소비자들에게 저자세로 일관하고 있다. 중국에서 성장률이 가파르게 오르는 것을 경영주 입장에서 무시할 수 없기 때문이다.

미래 성장 가능성이 높은 기업들도 중국에 겸손한 자세를 취하는 건 마찬가지다. 테슬라도 중국 시장에 상당한 공을 들이고 있다. 때로는 노골적으로 때로는 유치하게 중국에 러브콜을 자주 보내왔다. 애플 또한 암암리에 중국 정부와 계약을 했다는 소문도 파다하게 퍼졌다. 이때, 한국 사람들은 삼성 휴대폰이 유독 중국시장에서 고전을 면치 못하는 이유가 장막 뒤에서 이뤄진 계약 때문이라 의심하기도 했다.

베이징 대학교에서 공부할 당시, 한국에서는 한창 삼성 휴대폰 "미니스커트"가 돌풍을 일으키고 있었다. 어느 날 중국인 학생이 나에게 자기도 미니스커트를 샀다며 자랑했다. '뭘 굳이 휴대폰을 샀다고 친하지도 않은 나에게 자랑까지 하나.'라고 생각하며 주변을 둘러보니 적어도 그 수업에 있는 중국인 대부분이 삼성 휴대폰을 들고 있었다. 그 친구는 요즘 미니스커트는 "부의 상징"이라고 했다.

지극히 개인적인 경험이지만 삼성이 중국에서 고전을 면치 못하는 소식을 인정하기 싫었기 때문에 나도 애플과 중국 정부사이 이뤄진 모종의 계약이 중국시장에서 삼성의 열세인 결정적인 이유라 믿고 싶어지기도 했다.

중국경제 수업 마지막 날, 나는 학생들에게 중국제품에 대한 이미지를 물어보았다. 중국에 대한 부정적인 이미지는 얼마나 되는지, 그럼에도 불구하고 중국 제품을 사고 싶은지, 사고 싶다면 어떤 중국제품을 사고 싶은지 물어보았다. 왜 사고 싶은지도 같이 물어보았다.

우선 중국에 대한 전반적인 이미지는 딱히 좋진 않았다. 사실 기대하지도 않은 부분이기도 하다. 내가 관심을 가졌던 학생들의 대답은 안좋은 이미지에도 불구하고 중국제품을 선호한다는 의견이었다. 학생들이 알고 있는 중국 브랜드는 많았고, 좋아하는 중국제품을 보여주기도 했다. 중국학생들은 중국제품 중 어떤 것이 좋다고 일반 소비자 입장에서 자랑스럽게 말하기도 했다. 학생들은 예전엔 저렴한 가격에 샀다고 했다. 그때는 돈이 더 있다면 얼마든지 비싼 제품으로 갈아타고 싶었다고 했다. 그런데 요즘에 나오는 중국제품들은 값도 싸긴 하지만 무엇보다도 디자인과 성능 때문에 중국제품을 사지 않을 이유가 없다고 설명했다.

그러고 보니 지난 여름, 나는 '겨우, 서른(三十而已)'이라는 중국드라마에 빠져있었다. 옛날 '포청천'을 보며 자란 나에겐 내용보다도 세련된 중국 이미지가 충격이었던지라 40편이 넘는 긴 드라마를 몇번이고 다시 봤다. 얼마 전에는 중국산과 한국산 로봇청소기를 애써 비교해가며 한국산을 사야 하는 이유를 찾아보기도 했나. 예전엔 샤오미가 애플 디자인을 노골적으로 베낀다며 싫어했었는데 지금은 예쁜 디자인에 만족해 하며 샤오미 체중계에 오늘 아침도 올라가 몸무게를 확인했다.

'세계 500대 기업'에 들어가는 중국기업들은 엄청난 매출을 기록하고 있으나 이들의 브랜드는 아직 미국기업의 절반에도 미치지 못한다. 하지만 세련된 중국 제품들, 중국 콘텐츠들을 보면서 중국의 기회이자 한국의 위기를 실감하게 된다. 이제는 중국경제가 저가·저품질을 기반으로 한 세계의 공장의 이미지나, 외국기업들이 돈벌기에 매력적인 내수시장라는 인식에서 졸업해야 한다. 그리고 중국 제품이 세련된 이미지로 세계시장에서 그 영향력을 확장해갈 때 한국은 그리고 나는 어떠한 대처를 해야 할지 미래를 고민할 때다.

참고문헌

1) Global Times (2020). *143 Chinese companies listed on Fortune Global 500.*August 2.
2) Fortune. Global 500. Available at: https://fortune.com/global500/
3) Semiconductor Industry Association (2021). *Global Semiconductor Sales Increase 6.5% to $439 billion in 2020*. February 1.
4) Kroeber, A. (2020). *China's Economy: What everyone needs to know* (2nd edition). Oxford University Press.
5) Lin, K., Lu,X., Zhang, J., Zheng, Y.(2020). State-owned enterprises in China: A review of 40 years of research and practice. *China Journal of Accounting Research* 1(1):31-55.
6) -----
7) Naughton, B. (2018). *The Chinese Economy: Adaptation and Growth* (2nd edition). the MIT press.
8) 칼E.월터, 프레이저J.T.하위 (2011). 서정아(번역). 레드캐피탈리즘: 장막 뒤에 숨겨진 중국 금융의 현실. 시그마북스.

9) Kroeber, A. (2020). *China's Economy: What everyone needs to know* (2nd edition). Oxford University Press.

10) Kroeber, A. (2020). *China's Economy: What everyone needs to know* (2nd edition). Oxford University Press.

11) -----

12) 내일신문 (2011). 中 하이얼, 산요 가전사업 인수 최종합의. 10월 19일.
산업경제신문 (2016). 하이얼, GE가전사업 인수… 가전시장 판도 바뀌나? 1월 18일.
아주경제 (2021). [Who?] '혁신·품질 전도사' 장루이민 하이얼그룹 창업자 은퇴. 11월 8일.

13) Lin, K., Lu,X., Zhang, J., Zheng, Y.(2020). State-owned enterprises in China: A review of 40 years of research and practice. *China Journal of Accounting Research* 1(1):31-55.

14) -----

15) Naughton, B. (2018). *The Chinese Economy: Adaptation and Growth* (2nd edition). the MIT press.

16) 아주경제 (2021). "헝다 디폴트 문책" 광저우시 당서기·시장 동시 낙마. 12월 14일.

17) Naughton, B. (2018). *The Chinese Economy: Adaptation and Growth* (2nd edition). the MIT press.

18) -----

마치면서

냉정하게 들릴 진 모르지만, 중국에 산다고 중국 경제에 대해 모두 이해하는 것은 아니다. 또, 매일 중국의 뉴스를 듣는다고 중국 경제에 대해 모두 이해하는 것도 아니다. 그저 중국이 친숙하게 느껴질 뿐이다. 하지만 친숙하다는 이유로 중국이나 중국 경제를 잘 안다고 쉽게 착각한다.

수업 중에 중국을 조금이라도 옹호하는 말을 내뱉게 되면, 중국인 학생들은 미소가 절로 나오고 중국인이 아닌 학생들을 눈을 흘겨보곤 한다. 중국 이야기라고 하면 무턱대고 고개부터 가로젓는 경우도 태반이다. 명절마다 겪는 엄청난 인구이동에 혀를 내두르며 "역시 중국은~"라는 반응을 볼 때면 한국도 매번 다른 형태로 겪는 연례행사라는 점은 잊어버리는 듯하다. 톈안먼 사건을 얘기하면, 한국도 민주화를 위해 희생당한 많은 이들을 기억 못 하는지 "역시 중국은~"이란 반응이 또 나온다. 그래서 항상 중국을 설명하기 전에 한국을 비롯한 비슷한 사례를 같이 소개해야 했다. 그리고 미소를 머금은 학생이건 흘겨보는 학생이건 모두에게 중국을 바로 이해할 때까지 선입견을 품지 말아 달라고 다시 한 번 강조하며 수업을 시작했다.

색안경을 끼고 중국을 다가선다면 아무리 공부해도 단편적인 중국만 볼 뿐이다. 그래서 수업 중에 학생들에게 검증된 많은 자료와 데이터로 팩트만 가지고 중국을 분석해야 하며, 중국에 대한 시각이 정립

될 때까지 중국에 대한 지금까지 쌓아온 중국에 대한 이미지는 버려달라고 말을 가장 많이 해야 했다. 하지만 팩트만 가지고 중국 경제를 공부한다고 하더라도 여전히 어려움이 많다. 지극히 서구적인 관점에서 가공된 데이터가 중국 경제를 이해하는데 혼란스럽게 만들기 때문이다. 때로는 중국에서 내놓은 자료와 중국 밖에서 내놓은 자료가 달라도 너무 달라 신뢰성을 두고 고민할 때가 많다.

중국경제를 외국에 개방하고 시장시스템을 도입하였지만, 1970년대 이후 50년 가까이 되는 시간 동안 중국 특유의 정치사상을 반영하여 미국과 유럽과 전혀 다른 시스템으로 발전시켜 왔다. 또한, 전형적인 동아시아의 경제발전상으로는 설명하기 어려운 측면도 많다. 비록 사실일지라도 중국 특유의 경제환경을 반영하지 못한 경우가 많아 자칫하면 위태롭고 투자하기 위험한 경제처럼 보일 수도 있다. 앞서 설명했던 부동산 문제처럼 미국과 일본의 데이터로 중국을 분석한다면 당장 거품이 꺼져도 전혀 이상하지 않을 상황이지만 아직 그런 거품 붕괴는 발생하지 않았다.

일반적으로 통용되는 용어조차 중국에서는 다르게 해석이 되는 경우도 있다. 중산층(middle class)도 이 중 하나다. 중위소득을 기준으로 중간 즈음에 위치한 인구 혹은, 하루에 1만 원에서 10만 원 정도 쓰는 이들을 중산층이라 부른다. 그런데 중국 인구의 절반 가까이 농촌에서 도시임금의 1/3~1/10 수준으로 살아간다. 1/3이든 1/10이든 정확한 소득을 차치하고서라도 어쨌든 중국의 절반이 저소득층이란 말이 된다. 그럼 14억 인구 중 7억 명을 떼고 남은 7억 명은 중산층일까? 농촌에서 도시로 이동한 3~4억의 유동인구는 도시민 임금의 60%를 번다. 많은 이들이 20명씩 혹은 30명씩 한 아파트에 빽빽하게 누워 지낸다. 이들은 중산층이라 볼 수 없을 것이다.

그럼 14억 인구 중 농촌인구를 제외하고, 도시에 사는 유동인구를 제외한 3~4억 명만이 우리가 일반적으로 생각하는 중산층이 된다. 이들 중에는 슈퍼리치들도 포함되어 있다. 중산층이 사실상 상위계층의 사람들을 부르는 셈이 된다. 워낙에 인구가 많아 저소득층을 모두 제외하고서도 미국 인구만큼 많은 셈이니 누구를 중산층이라 부르던 전세계가 탐낼만한 시장인 건 분명하다.

하지만, 여기서 또 문제가 발생한다. 한국에서 혹은 미국에서 생각하는 중산층으로 대강 생각하고 중국을 바라본다. 중국에서 말하는 실제 상위계층에 속하는 중산층들의 소비는 어느 정도 될까? 도시민의 평균임금은 연 1천만 원 정도다. 한국의 약 1/3에 해당한다. 집이 있어도, 차가 있어도, 이들의 소비는 임금을 뛰어넘긴 어렵다. 즉, 한국이나 미국 시장에서 말하는 중산층의 구매파워와는 상당한 거리감이 있을 거란 말이 된다.

이처럼 단순한 개념조차 중국에서는 다르게 해석되는 경우가 많다. 따라서 중국을 분석할 때 생각지도 못한 차이를 발견하게 되면, 흠칫 놀라지 않을 수 없다. 가공된 일부 데이터만으로 중국을 분석한다면 실제 중국과 내가 생각하는 중국과의 간극은 더할 것이다.

이 책은 사실을 바탕으로 중국에 대한 선입견을 버리고 중국인들이 어떠한 삶을 살아왔고 어떠한 경험을 통해 지금의 중국을 살고 있는지 이해를 돕고자 썼다. 중국 경제 입문서 수준으로 다양한 데이터로 중국 경제에 대해 심층적인 분석은 하지 않았기 때문에 중국경제에 대해 모두 설명한다거나 자세하게 분석했다고는 할 수 없다. 단지 한국인이 쉽게 이해할 수 있도록 중국 경제를 소개할 뿐이다. 이 책을 통해 바라보았던 나의 시각이 어떠했는지 다시금 생각해 보는 기회가 되었다면 성공한 셈이다. 보다 깊은 공부는 독자의 몫이다.

오지혜

고려대학교 세계지역연구소 연구교수로 국제대학원에서 중국에 대해 강의 중이다.
고려대학교 국제대학원에서 석/박사 학위를 받았으며, 2000년대 중반 성균관대학교 중국대학원과 북경대학교 광화관리학원에서도 수학하기도 했다.

대학에서 듣는
중국경제

초판 1쇄 발행 _ 2022년 2월 28일

저　자 · 오 지 혜
발행인 · 정 현 걸
발　행 · 신 아 사
인　쇄 　도탈프로세스
주　소 · 서울특별시 은평구 통일로 59길 4 (2층)
전　화 · (02) 382-6411　팩스 · (02) 382-6401
홈페이지 · www.shinasa.co.kr
E-mail · shinasa@daum.net
출판등록 · 1956년 1월 5일 (제 9-52호)

ISBN : 979-11-91158-75-5 (93300)

정가 14,000원